꿈 상징 사전

**The Illustrated Bible -Based
Dictionary of Dream Symbols**
by Joe Ibojie

Copyright ⓒ 2005 by Joe Ibojie

Korean translation Copyright ⓒ 2011 by Pure Nard
2F 16, Eonju-ro 69-gil Gangnam-gu, Seoul, Korea

The Korean edition is published by arrangement with Joe Ibojie.
All rights reserved.

본 저작물의 한국어판 저작권은 저자와의 독점 계약으로 한국어 판권은 '순전한나드'가 소유합니다.
저작권자의 허락 없이 이 책의 일부 또는 전체를 무단 복제, 전재, 발췌하면 저작권법에 의해 처벌을 받습니다.

꿈 상징 사전

초판발행 | 2011년 8월 20일
4쇄발행 | 2022년 11월 4일

지은이 | 조 이보지
옮긴이 | 이아미

펴낸이 | 허철
총괄 | 허현숙
편집 | 송수자
디자인 | 오순영
제작 | 김도훈
인쇄소 | 예원프린팅

펴낸곳 | 도서출판 순전한나드
등록번호 | 제2010-000128
주소 | 서울 강남구 연주로69길 16, (역삼동) 2층
도서문의 | 02) 574-6702
팩스 | 02) 574-9704
홈페이지 | www.purenard.co.kr

Printed in Korea

ISBN 978-89-6237-098-0   03230

꿈 상징
사전

조 이보지 지음

추천사

이 책은 독자로 하여금 꿈의 상징적 언어를 이해하도록 돕는 훌륭한 수단이 된다. 이보지 박사는 우리의 꿈들에 나타나는 각기 다른 양상들을 해석하기 위한 풍성한 자원들을 다양하게 수록했으며 성경 구절을 광범위하게 사용함으로써 영적 진리를 제시했다. 꿈을 이해함에 있어서 주제에 대한 탁월한 통찰력은 하나님께서 그에게 주신 은사임에 확실하다. 그리스도의 몸의 지체로서의 당신의 개인 독서 목록에 이 책이 반드시 더해져야할 것이다.

임마누엘 지가, 국제 열방사역을 위한 은혜선교회 회장, 미국, 시애틀

《꿈 상징 사전》과 《꿈과 환상: 영적인 꿈을 어떻게 받고, 해석하며, 적용할 수 있는가?》는 삶 속에서 하나님의 음성을 인식하고자 노력하는 그리스도인들의 손에 쥐어진 강력한 도구다. 이보지 박사는 자신에게 부어진 강력한 기름 부으심과 은사를 소유만 하는 것이 아니라, 다른 사람들 안에 지혜와 통찰력이 열리도록 돕는다. 이 책은 세상의 기초가 놓이기 전부터 발견되기를 바라신 하나님 아버지의 숨겨진 신비와 계시로 가득 채워진 보물상자다. 《꿈 상징 사전》은 자신의 삶에 대한 하나님의 목적과 약속과 운명을 추구하는 모든 그리스도인들을 축복하고 강하게 인도할 것이다. 하나님께서 계속적으로 그분의 사랑과 갈망들과 뜻을 그분의 자녀들에게 전달하

려고 하는 열정적인 경각심을 회복시킬 이 책을 인하여 하나님께 감사를 드린다. 이스라엘을 지키시는 자는 졸지도 아니하고 주무시지도 아니 하시리로다(시 121:4) 당신이 잠자고 있는 동안에도 그는 여전히 말씀하시고 계신다. 귀 있는 자들(그리고 듣고자 원하는 자들)로 성령이 교회들에게 하시는 말씀을 듣게 하라.

론 스코트 주니어 감독, 국제 왕국 연합회 회장

《꿈 상징 사전》은 단지 꿈 상징에 관한 책일 뿐만 아니라, 우리로 하여금 하나님의 말씀을 읽는 것에 깊이와 부유함을 더해준다. 이 책은 하나님께서 그분의 자녀들에게 말씀하시기 위해 사용하는 방편 중 꿈과 환상이 가지고 있는 상징들을 이해하기 위한 하나님의 위대한 영감들을 담고 있다. 이 책은 당신의 꿈을 해석하는 데에 사용하든지 혹은 하나님의 말씀을 연구하는 데에 참조하든지 당신의 동반자가 되어 줄 것이다.

로버트와 조이스 리치아델리, 환상적 진보 전략들 디렉터, 미국, 워싱턴

나는 암스테르담에서 출발하여 플로리다를 향하는 비행기 안에서 조 이보지 박사의 옆 좌석에 앉게 되었다. 조는 시간을 보낼 요량으로 책 몇 권을 손에 들고 있었다. 그 가운데 한 권이 바로 꿈 상징 사전을 위한 초고(草稿) 원고였다. 그는 각각의 정의를 성경에 비추어, 필요한 곳에 주해를 덧붙이며 상호 참조하면서 원고를 검토하고 있었다. 얼마 되지 않아 곧 우리는 책들을 곁에 밀어 두고 꿈들에 관하여 대화를 나누게 되었다. 그 다음의 여덟 시간은 얼마나 신속히 지나갔던지, 마이애미에 도착할 무렵 우리는 깜짝 놀라고 말았다. 사실, 그 다음 두 주 동안 조와 나는 한 방을 사용했고, 함께 사역했으며, 우리의 대화는 언제나 꿈과 환상들에 대한 것으로 종결

되곤 했다. 그후에 우리가 다정스레 나누었던 이야기들이 그의 훌륭한 책에서 몇 페이지를 장식하게 되었다는 것을 나는 나중에 알게 되었다. 내가 공헌한 바라면 단지 그에게 어려운 문제들을 질문했었다는 것이지만, 그 질문들에 대한 그의 답변들이 이 책이 수록되어 있어서 기쁘다.

나는 조와 종종 함께 사역할 수 있는 특권을 가졌다. 하지만 나는 그를 단지 다니엘 유형의 기름부음이나 예언적 음성(종종 그는 나에게 이 두 가지 모두의 모습이었음에도 불구하고)으로만 안 것이 아니라, 나의 가장 가까운 친구로 지낼 수 있는 특권을 가졌다. 하나님의 참된 종으로서 조는 그가 어디를 가든지, 누구를 만나든지 하나님의 나라가 확장되는 것을 보려는 열정을 가진 사람이다. 이 책을 쓴 것은 단순히 그와 같은 열정의 연장선이며, 여러 해 동안의 경험에 의해서 나왔다. 그는 이 책의 내용을 실질적인 단계에서 이해했으며, 사람들이 실제로 변화된 것을 보았고, 자유의 삶과 성령 안에서 해방된 것을 보았다. 내가 믿기로 또 다른 사람들은 그들의 꿈에 대한 경건하고 성경적인 해석을 통하여 그들의 삶 속에 있는 하나님의 목적들과 계획들에 대한 명백한 이해를 얻음으로 인하여 세움을 받았고, 격려 받았으며, 유익하게 되었다.

필 샌더슨 목사, 열방 기독교회, 영국 스코틀랜드 애버딘

최근에 나는 나에게 놀라운 확증을 주는 몇 가지의 꿈들을 꾸었는데, 《꿈 상징 사전》은 그 꿈들에 대한 의미를 얻도록 도와주는 데 탁월한 역할을 해주었다. 이 책은 나에게 진정한 축복이다.

제세 하웰스, 편집자

목차

서문 I 8
서문 II 12

제1부: 상징 15
1장 상징에 대한 서론 17
2장 상징 언어에 대한 이해(영의 언어) 21
3장 상징 언어의 능력 25
4장 비유 언어에서 의미를 이끌어내는 법 29
5장 꿈 상징 사전 사용법 33

제2부: 꿈 상징 사전 39

제3부: 기타 상징 약어들 167
행동들과 느낌들 169
학교/교육 172
신체 부위 174
건물들 190
숫자들의 영적 중요성 193

서문 I

> 여호와께서 내게 대답하여 이르시되 너는 이 묵시를 기록하여 판에 명백히 새기되 달려가면서도 읽을 수 있게 하라 이 묵시는 정한 때가 있나니 그 종말이 속히 이르겠고 결코 거짓되지 아니하리라 비록 더딜지라도 기다리라 지체되지 않고 반드시 응하리라 합 2:2-3

눈이라도 곧 쏟아질 듯 어둡고 몹시 추웠던 어느 겨울밤, 스코틀랜드의 애버딘에서 나는 처음으로 조 이보지 박사를 만났다. 날씨와는 대조적으로 그의 모습은 무척 밝았다.

조와 그의 아내 신디아, 그리고 그들의 명랑한 네 명의 자녀들은 나를 그들의 마음과 가정 안으로 따뜻하게 환대해 주었다. 그들의 가정에서 나는 처음으로 아프리카 음식을 맛볼 수 있었는데, 그 맛은 참으로 훌륭했다! 그 후 공적이거나 사적인 모든 대화나 전화 통화, 그리고 이메일 등을 통하여 나는 조의 멈추지 않는 기쁨의 원천이 바로 그리스도를 향한 그의 사랑이라는 것을 알 수 있었다.

의료 종사자로서의 조의 삶은 매우 바빴다. 뿐만 아니라, 조와 신디아는 근래에 애버딘에 위치한 크리스천 휄로우쉽 공동체인 아버지의 집(Father's House)의 담임 목사로 섬기게 되었다. 나는 사역에서가 아니라 일상의 삶에서 사람을 만나는 것의 중요성을 믿기에, 여러분에게 재능 있는 기독교인 저술가일 뿐 아니라, 사랑하는 남편이요 아버지이며, 의사와 교사, 그리고 형제로서의 조 이보지 박사를 소개하게 됨을 기쁘게 여긴다. 그는 순수하고 온유한 기독교 지도자다. 나는 하나님을 섬기고자 하는 그의 성품과 갈망으로 인해 출간된 이 책을 통해 당신이 크게 축복 받게 될 것이라 확신한다.

나는 조와 함께 유쾌하게 사역할 수 있었다. 그는 열정적이고도 역동적이며, 꿈들과 그것들의 해석이라는 주제에 있어서 기름 부음 받은 교사다. 그의 영감의 근원은 영원하신 예수 그리스도시다.

몇 해를 지나오면서, 그가 집필한 두 권의 책인 《꿈과 환상》, 그리고 《꿈 상징 사전》그리고 조와의 동행은 나에게 훌륭한 경험이 되었다. 우리가 함께 교제하고, 성경을 공부하며, 기도해오는 동안 나는 꿈들과 그것들의 해석들에 대하여 배우고 온전히 즐거워하게 되었다. 조의 가르침은 우리에게 열의와 동기를 부여해 준다.

《꿈 상징 사전》은 독자로 하여금 해석의 은사를 발견해가도록 돕는 책인데 분명한 언어와 상세한 설명으로 쓰여져 있다. 성령의 영감으로 가득한 명확한 표현을 통해 조 이보지 박사는 당신으로 하여금 상징의 의미를 비유로 표현한 언어들에 정통하게 만들어준다. 우리의 하나님께서는 그분의 무한하신 은혜와 자비 안에서 그분의 자녀들과 의사를 소통하실 것을 선택하셨다. 궁극적으로, 하나님의 계시의 은사는 우리를 그리스도와 그분의 교회, 그리고 아직 그분을 모르는 사람들에게로 더 깊이 끌어당겨야만 할 것이다.

《꿈 상징 사전》은 독보적인 자료가 되고자 의도하지 않는다. 다른 말로 하자면, 상징들의 해석은 미리 정해진 규범에 의해서 실행되지 않는다는 것이다. 기도로 적용되고 이해되지 않는 한, 해석에 있어서의 우리의 추구는 단지 추정에 지나지 않는 것이다. 우리는 해석이 오직 하나님께로 말미암는다는 사실에서 안주해야 할 것이다(창 40:8). 조는 독자로 하여금 꿈 해석을 위해서는 각각의 꿈과 계시적인 경험(환상과 같은)을 주의 깊게 묵상하여 내용과 배경을 잘 살펴서 경이로운 자세를 함께 취할 것을 독려한다. 해석은 어떤 공식이 될 수 없으며, 성령님께서 전달해 주시는 지혜와 계시에 의해서 그 상징들은 우리의 믿음을 변화시키고, 우리의 심령을 부드럽게 하여, 현대를 살아가는 우리의 삶의 방식에 적용할 수 있도록 한다. 또한 이런 일을 상담하는 것은 하늘에서 온 은사를 활용하는 것이다.

《꿈 상징 사전》은 아직 구원 받지 못한 많은 영혼들에게 하나님의 사랑을 제시할 수 있도록 교회들을 훈련하고 무장시킬 수 있도록 돕는 유용한 자원이다.

예수님도 그분을 따르는 수많은 이들과 제자들에게 비유와 상징의 언어로 말씀하셨다. 우리의 주님께서는 우리에게 하나님의 왕국이 어떠함을 묘사하시기 위하여, 들판이나(마 13:24), 겨자씨(마 13:31), 밭에 감춰진 보화(마 13:44), 그리고 온갖 종류의 물고기를 잡아 올린 그물(마 13:47)등과 같은 무수한 형상들을 사용하셨다. 예수님은 그의 제자들에게 질문하셨다. "이 모든 것을 깨달았느냐 하시니 대답하되 그러하오이다 예수께서 이르시되 그러므로 천국의 제자된 서기관마다 마치 새것과 옛것을 그 곳간에서 내오는 집주인과 같으니라"(마 13:51-52)

사랑하는 독자 여러분, 나는 여러분들이 《꿈 상징 사전》을 통하여 성령님에 의해서 이해를 얻게 되기를, 그리고 하나님께서 그분의 종인 조 이보지 박사를 통하여 하늘의 저장고로부터 쏟아 부어 주신 이 신선한 보물을 즐기게 되기를 기도하는 바이다.

우리는 하늘의 아버지께 영광을 돌리기 위하여 살고 있다. 당신의 은사 안에서 당신이 성장하기까지 시간과 노력이 투자되어야만 한다고 하더라도 실망하지 않기를 바란다. 예수님께서는 그분의 방법으로 우리를 훈련하시기에 인내하시며 은혜로우시다. 축복이 함께 하기를!

하나님의 종인 **캐서린 브라운**,
문지기 기도와 선교 설립자, 영국

서문 II

우리가 꾸는 꿈들의 상징성을 이해할 수 있게끔 문을 열어주는 지혜를 하나님께서 조에게 주셨다. 조와 나는 둘 다 꿈과 환상을 위한 존 폴 잭슨 학교(John Paul Jackson School of Dreams and Visions)의 학생들이었다. 존 폴은 우리 꿈의 98퍼센트가 개인적인 상황들이며 꿈이란 문자적으로 받아들일 것이 아니라, 상징적인 것으로서 반드시 해석되어야만 한다고 말한다.

이 책은 《꿈과 환상》이라는 그의 책의 자매편으로서 이들 상징들이 무엇을 의미하는지에 대한 이해의 깊이와 폭을 얻도록 도울 것이다. 조가 가르칠 때 그는 종종 다음과 같이 질문한다. "그 꿈의 의미가 무엇이라고 생각하세요?" 그리고 그 꿈이 당신에게 주는 의미와 다른 사람에게는 주는 의미가 다를 수 있다.

우리는 우리의 손에, 꿈을 이해하지 못하는 데에서 오는 답답함과 좌절, 그리고 그릇된 해석에서 오는 위험을 막아 주도록 돕는 연장을 쥐고 있다. 나는 나의 친구 조 이보지로 인하여, 그리고 그에게 있는 많은 은사와 재능으로 인하여 하나님과 성령님께 감사드린다.

하나님께서는 조에게 기름 부으셔서 우리가 이해할 수 있는 범위 안에서 성장할 수 있도록 이 책을 쓰도록 인도하셨다. 당신이 이 책을 읽을 때에 하나님께서 당신을 축복하시기를, 그리고 당신이 이 훌륭한 연장을 사용함에 따라 당신에게 지혜를 주시기를 기도한다.

요셉 이웬 목사,
리버사이드 교회 네트워크, 영국 스코틀랜드 밴프

The Illustrated Bible-based
Dictionary of Dream Symbols

Acid Adultery Airplane
Airport Alligator Altar
Anchor Ankles Anoint Ant
Antiques Apples Ark Arm
Armies Armor Arrows Ashes Attic
Autograph Autumn Autobike Automobile Awakening
Baby Back Backside Badger Baker
Baking Balances Balm Bank
Banquet Baptizing Barbershop
Bareness Basement Basket
Bath Bathing Bathroom
Beam Bear Beast Bees
Bible Birth Black
Bird
Blind
Blue
Boat
Book

제 1 부

상 징

The Illustrated Bible-based
Dictionary of Dream Symbols

1장_상징에 대한 서론

상징이란 어떤 것의 문자적인 의미를 특정한 이미지로 표현하는 것이다. 따라서 상징은 단순한 문자적인 뜻 그 이상의 의미를 가지고 있다. 실질적으로 상징이란 또 다른 무엇인가를 표현하거나 나타내는 것들, 혹은 그 관계성이나 유사성에 따르거나 관습적으로 다른 어떤 것을 대표해 주는 것들이다. 상징은 또한 개념과 같이 보이지 않는 것을 표현하기 위해서 사용되는 대상일 수도 있다(평화의 상징으로서의 비둘기가 그 한 예다).

상징의 의미를 이끌어 내는 방법

상징 속에 주어진 메시지는 자동적으로 상징적 생각으로 바뀐다. 모든 비유는 각각의 상징을 위하여 주어진 의미와 함께 상징적 해석을 필요로 한다(상징이 사물이나 사건들을 표현하기 위해서 사용될 때 비유 언어가 된다). 상징은 실재가 아니다. 그것들은 단지 실재를 나타내주는 것들이다. 상징의 의미는 무엇보다도 먼저 하나님의 말씀을 바탕으로 밝혀져야 한다. 그런 후에 그 상징의 고유한 의미나 그것과 연관된 꿈꾸는 자의 경험에서 또는 문화와 사회 속의 일반적인 그림 표현에서 찾아야 한다.

일반적으로 말해서, 해석은 다음의 사항들을 포함하는 비유 언어를 판독하는 것이다.

- 꿈속에 있는 상징의 뜻을 밝히며 그 꿈에서의 메시지에 대한 이해를 얻는다. 상징의 의미를 이끌어 내기 위해서는 가장 먼저 반드시 하나님의 말씀을 기본으로 해야 한다. 이 과정을 통해 꿈속에서의 상징적 행동들에 대한 이해를 할 수 있다.
- 꿈의 상징과 메시지는 꿈꾸는 자의 삶에서의 환경과 관련하여 자세히 설명한다. 그 해석은 꿈꾸는 자의 개인적인 경험과 관련된 상징과 사건들에 대한 이해를 가능하게 해준다. 해석은 꿈꾼 사람의 경험에 초점을 맞춘다.
- 꿈과 환상을 진실되게 이해하기 위해서 상징의 의미를 찾고 해석하는 것이 함께 이루어져야 한다. 그러므로 참되고 온전한 해석은 다음과 같은 사항들을 고려해야만 한다.

1. 성경
2. 상징의 고유한 의미
3. 꿈꾸는 자의 개인적 경험

4. 꿈꾸는 자에게 주어진 사회적 영향들(그가 익숙한 문화와 일상적 그림 표현들)

상징은 항상 똑같은 의미가 아닐 수 있기에 그 뜻은 반드시 각각의 꿈마다 개별적으로 해석되어야 한다. 꿈에서의 상징에 대한 진정한 의미는 인간의 이성이나 지성에서 오는 것이 아니다. 성령님께서 우리의 심령과 잠재된 마음 안으로 흘려보내 주시기 때문에 비로소 우리가 그 뜻을 알게 된다는 사실을 기억하라. 우리의 심령 안으로 흘러 들어오는 이 흐름은 우리가 고요하고 잠잠하게 내면에 집중하고 있을 때 알게 된다. 꿈에 등장하는 상징은 매우 구체적이며 또한 목적을 가지고 있다. 또한 이 상징을 선택하는 것은 하나님의 특권이다. 꿈은 그 안에 꿈에 대한 하나님의 관점이 함께 하므로 어떤 상황에 대한 가장 진실한 표현이라 할 수 있다. 꿈은 어떤 문제에 대해 인간이 이해하는 것보다 더 솔직하게 표현한다.

하나님께서 상징을 사용하시는 이유

- 상징은 하나님께서 그것에 대해 어떻게 생각하시는지를 보여주기 때문에 우리로 하여금 하나님의 관점에서 진실을 볼 수 있도록 돕는다.
- 상징의 분명한 특징들은 은사 전이와 해석을 돕는다.

- 상징의 숨겨진 의미는 하나님께서 상황들을 단계별로 명확하게 설명하실 수 있도록 허용한다.
- 상징성이 성령에 대한 당신의 의존을 배가시키기 때문에 겸손이 열쇠다.

여러 계시를 받은 것이 지극히 크므로 너무 자만하지 않게 하시려고 내 육체에 가시 곧 사탄의 사자를 주셨으니 이는 나를 쳐서 너무 자만하지 않게 하려 하심이라 이것이 내게서 떠나가게 하기 위하여 내가 세 번 주께 간구하였더니 나에게 이르시기를 내 은혜가 네게 족하도다 이는 내 능력이 약한 데서 온전하여짐이라 하신지라 그러므로 도리어 크게 기뻐함으로 나의 여러 약한 것들에 대하여 자랑하리니 이는 그리스도의 능력이 내게 머물게 하려 함이라 **고후 12:7-9**

- 주님께서 꿈을 꿀 때 사람들과 의미가 있는 상징으로 의사를 소통하실 것이다. 꿈은 의사소통의 한 형태로서 당신과 주님 사이의 친밀한 언어다.
- 상징은 적으로부터 그 메시지를 지켜준다.
- 상징은 당신으로 하여금 그것의 해석을 추구하도록 한다.
- 상징 언어는 심오하고 힘이 있다. 동시에 상징 언어는 가장 기초적인 인간의 언어이므로 모든 연령층에 유효하다.
- 인간의 마음은 그림들을 읽거나 이해할 수 있다.

2장_상징 언어에 대한 이해(영의 언어)

　영의 언어는 상징의 언어다. 성경은 다른 어떤 책들보다 더 많이 상징으로 말한다. 상징주의 역시 꿈의 언어이며, 여러 면에서 꿈의 언어 형태는 성경에서 사용된 말의 형태와 유사하다. 상징의 광범위한 사용 때문에 어떤 사람들은 구약을 묘사할 때 그 안에 신약이 감추어져 있다고 묘사하기도 한다.

　이성의 언어는 한계가 있지만 상징의 언어는 무한하다. 하나의 상징이 하나의 용어와 동일시될 수도 있고, 동시에 포괄적으로 여러 가지 용어로 묘사될 수도 있다. 상징 언어와 상징적 행동들은 심오한 깊이와 힘을 가지고 있다. 속담에 이르기를, "한 장의 그림이 천 마디의 말보다 더 가치 있다"고 말한다. 아이들은 이성의 언어를 배우기 전에 그림들과 상징 언어를 먼저 배운다. 어른들은 먼저 생각하고 난 후에 그림들 안에서 받은 정보를 진행한다.

　하나님 자신이 선지자들에게 그의 언어 형태를 묘사하셨다.

이르시되 내 말을 들으라 너희 중에 선지자가 있으면 나 여호와가 환상으로 나를 그에게 알리기도 하고 꿈으로 그와 말하기도 하거니와 내 종 모세와는 그렇지 아니하니 그는 내 온 집에 충성함이라 그와는 내가 대면하여 명백히 말하고 은밀한 말로 하지 아니하며 그는 또 여호와의 형상을 보거늘 너희가 어찌하여 내 종 모세 비방하기를 두려워하지 아니하느냐 민 12:6-8

위 구절들에 나타난 주된 요점은 다음과 같다.

- 하나님께서는 모든 사람들에게 동일한 방법으로 말씀하시지 않는다.
- 그분은 꿈과 환상으로 말씀하신다.
- 그분은 명백한 언어로 말씀하신다.
- 그분은 수수께끼나 비유들로 말씀하신다.
- 그분은 은밀한 말로 말씀하신다.
- 그분은 비유로 말씀하신다.

그분은 하나님이시기 때문에 우리에게 어떤 방법으로 말씀하실지 선택하신다.

예수 그리스도께서는 왜 자신이 비유로 가르치셨는지를 설명하셨다.

제자들이 예수께 나아와 이르되 어찌하여 그들에게 비유로 말씀하시나이까 대답하여 이르시되 천국의 비밀을 아는 것이 너희에게는 허락되었으나 그들에게는 아니되었나니 무릇 있는 자는 받아 넉넉하게 되되 없는 자는 그 있는 것도 빼앗기리라 그러므로 내가 그들에게 비유로 말하는 것은 그들이 보아도 보지 못하며 들어도 듣지 못하며 깨닫지 못함이니라 마 13:10-13

위의 성경 구절들에서 볼 수 있듯이 모든 사람들에게 비유가 유용했다는 사실을 주목하라. 그 당시와 마찬가지로 현재에도 하나님의 비유 언어(꿈)가 모든 이들에게 유용하지만 이방인들은 "보고 들을"지라도 꿈을 제대로 이해하지 못할 것이다.

예수님은 비유로 가르치셨고, 그분의 메시지를 설명하기 위해 상징을 사용하셨다.

예수께서 이러한 많은 비유로 그들이 알아들을 수 있는 대로 말씀을 가르치시되 비유가 아니면 말씀하지 아니하시고 다만 혼자 계실 때에 그 제자들에게 모든 것을 해석하시더라 막 4:33-34

예수님은 또한 하나님께서 무엇을 말씀하시는지를 이해하시는 성령님의 역할을 묘사하셨다. 즉 성령께서 하나님의 상징 언어의 은밀한 말들과 우화와 비유들을 설명하신다.

아래의 성경 구절들 안에 들어 있는 지혜의 열쇠들을 살펴보자.

내가 아직 너희와 함께 있어서 이 말을 너희에게 하였거니와 보혜사 곧 아버지께서 내 이름으로 보내실 성령 그가 너희에게 모든 것을 가르치고 내가 너희에게 말한 모든 것을 생각나게 하리라 평안을 너희에게 끼치노니 곧 나의 평안을 너희에게 주노라 내가 너희에게 주는 것은 세상이 주는 것과 같지 아니하니라 너희는 마음에 근심하지도 말고 두려워하지도 말라 요 14:25-27

이 구절에서 볼 수 있듯이 성령님은 하나님의 상징 언어들을 설명하심으로 우리를 도우신다. 그렇지 않고는 어떠한 문제에 대해서도 하나님의 마음을 이해할 수 없다.

3장_상징 언어의 능력

하나님의 방법들은 상징 언어 안에 감싸여 있기 때문에, 상징의 엄청난 힘을 이해한 자들은 그분의 신비 안에 있는 놀랄만한 통찰력을 얻게 된다. 인간은 그림으로 생각하는 경향이 있기 때문에 개념의 참된 본질을 깨우치기 위해 시각의 판단을 필요로 한다. 상징은 아주 강력한 감정을 불러일으키고 또한 강한 감정을 이끌어내곤 한다. 그래서 시대마다 정치가들, 철학자들, 그리고 종교지도자들이 자신의 쟁점을 설명하기 위해서 싱징들을 사용해 왔다.

예를 들어, 한 나라의 국기는 국가를 상징함으로써 긍지와 명예라는 의미와 동일하게 사용되며 국가에 대한 헌신을 표현한다. 많은 사람들이 그들의 국기가 불명예스럽게 되는 것을 보면 격분한다. 또한 어떤 나라에 대한 공공연한 증오심은 종종 그 나라의 국기를 불태움으로써 표현된다.

다윗-성경적 예

상징은 다윗이 했던 간음의 중대성을 그에게 보여주었다. 하나님께서는 다윗에게 직접 꿈을 주는 방법을 선택하심으로 동일한 메시지를 보낼 수 있으셨을 것이다. 그러나 그분은 나단 선지자를 통해 비유적 꿈의 형태로 메시지를 전함으로써 다윗의 죄의 중대함을 알려주셨다.

> 여호와께서 나단을 다윗에게 보내시니 그가 다윗에게 가서 그에게 이르되 한 성읍에 두 사람이 있는데 한 사람은 부하고 한 사람은 가난하니 그 부한 사람은 양과 소가 심히 많으나 가난한 사람은 아무것도 없고 자기가 사서 기르는 작은 암양 새끼 한 마리뿐이라 그 암양 새끼는 그와 그의 자식과 함께 자라며 그가 먹는 것을 먹으며 그의 잔으로 마시며 그의 품에 누우므로 그에게는 딸처럼 되었거늘 어떤 행인이 그 부자에게 오매 부자가 자기에게 온 행인을 위하여 자기의 양과 소를 아껴 잡지 아니하고 가난한 사람의 양 새끼를 빼앗아다가 자기에게 온 사람을 위하여 잡았나이다 하니 다윗이 그 사람으로 말미암아 노하여 나단에게 이르되 여호와의 살아 계심을 두고 맹세하노니 이 일을 행한 그 사람은 마땅히 죽을 자라 그가 불쌍히 여기지 아니하고 이런 일을 행하였으니 그 양 새끼를 네 배나 갚아 주어야 하리라 한지라 나단이 다윗에게 이르되 당신이 그 사람이라 이스라엘의 하나님 여호와께서 이와 같이 이르시기를 내가

너를 이스라엘 왕으로 기름 붓기 위하여 너를 사울의 손에서 구원하고 네 주인의 집을 네게 주고 네 주인의 아내들을 네 품에 두고 이스라엘과 유다 족속을 네게 맡겼느니라 만일 그것이 부족하였을 것 같으면 내가 네게 이것 저것을 더 주었으리라 그러한데 어찌하여 네가 여호와의 말씀을 업신여기고 나 보기에 악을 행하였느냐 네가 칼로 헷 사람 우리아를 치되 암몬 자손의 칼로 죽이고 그의 아내를 빼앗아 네 아내로 삼았도다 삼하 12:1-9

다윗에 대한 나단의 진술 분석

상징/행동	의미	심상의 힘
부자	다윗	그가 중요한 인물임을 나타냄
가난한 자	우리야	궁핍한 삶을 가진 약자를 나타냄
딸 같은 작은 암양	우리야의 소중한 아내	꿈꾸는 자에게 귀한 어떤 것
여행자의 도착	필요가 생김	잠재적인 필요는 긴급하거나 즉각적인 것이다
자신의 것을 사용하지 않음	이기심	자기중심적인 영, 다른 사람들을 고려하지 않음
나단의 이야기 안에 등장하는 불의한 사람에 대한 다윗의 분노가 타오름	그 다음에 그 죄가 그의 것임을 알게 됨. 그래서 그가 자신의 죄의 가중함을 알게 됨	의로움의 영에 의해 자극되었거나, 음욕에 공격당한 후에 자신의 의식으로 돌아온 뒤에 생겨난 거룩한 분노

The Illustrated Bible-based
Dictionary of Dream Symbols

4장_비유 언어에서 의미를 이끌어내는 법

씨 뿌리는 자의 비유

예수께서 비유로 여러 가지를 그들에게 말씀하여 이르시되 씨를 뿌리는 자가 뿌리러 나가서 뿌릴새 더러는 길 가에 떨어지매 새들이 와서 먹어버렸고 더러는 흙이 얕은 돌밭에 떨어지매 흙이 깊지 아니하므로 곧 싹이 나오나 해가 돋은 후에 타서 뿌리가 없으므로 말랐고 더러는 가시떨기 위에 떨어지매 가시가 자라서 기운을 막았고 더러는 좋은 땅에 떨어지매 어떤 것은 백 배, 어떤 것은 육십 배, 어떤 것은 삼십 배의 결실을 하였느니라 귀 있는 자는 들으라 하시니라 마 13:3-9

해석

그런즉 씨 뿌리는 비유를 들으라 아무나 천국 말씀을 듣고 깨닫지 못할 때는 악한 자가 와서 그 마음에 뿌려진 것을 빼앗나니 이는 곧 길 가에 뿌려진 자요 돌밭에 뿌려졌다는 것은 말씀을 듣고 즉시 기쁨으로 받되 그 속에 뿌리가 없어 잠시 견디다가 말씀으로 말미암아 환난이나 박해가 일어날 때에는 곧 넘어지는 자요 가시떨기에 뿌려졌다는 것은 말씀을 들으나 세상의 염려와 재물의 유혹에 말씀이 막혀 결실하지 못하는 자요 좋은 땅에 뿌려졌다는 것은 말씀을 듣고 깨닫는 자니 결실하여 어떤 것은 백 배, 어떤 것은 육십 배, 어떤 것은 삼십 배가 되느니라 하시더라 마 13:18-23

씨 뿌리는 자 비유의 분석

상징/행동	의미	파생한 힘
씨앗	하나님의 말씀	하나님의 말씀은 증가할 수 있는 약속이다
흙	인간의 마음	좋은 것이든지 나쁜 것이든지 증가될 수 있는 가능성-생명의 본질
농부	예수 그리스도	하나님, 목사, 영적 지도자
길가에 뿌려짐	이해하지 못함-마귀가 빼앗아 감	보호받지 못함-마귀에 의해 쉽게 빼앗김
돌밭에 뿌려짐	말씀을 기쁨으로 받으나 깊이가 부족하고, 세상의 환난과 핍박에 의해 믿음을 빼앗긴다	돌밭을 걷는다는 것은 근심과 핍박, 그리고 깊이가 부족한 시간들과 동등하다
가시떨기에 뿌려짐	말씀을 기쁨으로 들었으나, 세상의 염려와 재리의 유혹	가시떨기는 사람의 염려와 세상 물질에 의한 방해

	에 말씀이 막히다	
좋은 땅에 뿌려짐	말씀의 핵심을 이해하고 열매를 맺다	삶의 기대를 가지고 제대로 준비를 갖추며 성장을 도움

비유 언어의 유익들

- 경제성-하나의 그림은 천 마디의 말보다 더 가치 있다.
- 핵심을 보여 준다-구체적 사항들을 당신의 상황에 적용시킨다. 또한 원칙을 제시해줌으로 그 핵심을 다른 시기에도 적용할 수 있다.
- 비유는 하나님께서 꿈꾸는 자에게 그분의 메시지들을 암호로 보내주시는 것이다.
- 꿈은 하나님의 약속을 상징으로 숨겨주기에 적들에게서 보호된다.
- 비유들은 하나님께서 그분의 메시지를 우선순위에 따라 감추어두거나 개방하도록 허용해준다.

제자들이 예수께 나아와 이르되 어찌하여 그들에게 비유로 말씀하시나이까 대답하여 이르시되 천국의 비밀을 아는 것이 너희에게는 허락되었으나 그들에게는 아니되었나니 무릇 있는 자는 받아 넉넉하게 되되 없는 자는 그 있는 것도 빼앗기리라 그러므로 내가 그들에게 비유로 말하는 것은 그들이 보아도 보지 못하며 들어도 듣지

못하며 깨닫지 못함이니라 마 13:10-13

내가 여러 선지자에게 말하였고 이상을 많이 보였으며 선지자들을 통하여 비유를 베풀었노라 호 12:10

- 마음은 이성과 개념으로 말하지만, 꿈은 수수께끼와 비유로 말한다.
- 그림들과 상징 언어는 세계 공통이고 연령의 장벽이 없다.
- 비유들은 하나님께서 최상의 가능성을 보여주는 그림이나 상황에 대한 가장 진실된 전망을 주시는 것을 가능하게 해준다.
- 꿈 비유는 만일 우리가 현재의 상황과 같은 방향으로 계속 간다면 무슨 일이 일어날 것인가를 보여준다.

다윗의 아들 이스라엘 왕 솔로몬의 잠언이라 이는 지혜와 훈계를 알게 하며 명철의 말씀을 깨닫게 하며 지혜롭게, 공의롭게, 정의롭게, 정직하게 행할 일에 대하여 훈계를 받게 하며 어리석은 자를 슬기롭게 하며 젊은 자에게 지식과 근신함을 주기 위한 것이니 지혜 있는 자는 듣고 학식이 더할 것이요 명철한 자는 지략을 얻을 것이라 잠언과 비유와 지혜 있는 자의 말과 그 오묘한 말을 깨달으리라 잠 1:1-6

5장_꿈 상징 사전 사용법

　선견자는 상징 언어로 받는다. 하지만 현시대와 관련성이 있기 위해서는 반드시 사람들이 이해할 수 있는 말에 지혜를 담아서 그 계시를 알려줄 수 있어야 한다. 그러므로 선견자는 반드시 상징 언어를 연구해야 하며, 복잡하지 않은 언어로써 사람들과 소통할 수 있어야 한다.

　일반적으로, 어떤 사람이 하나의 영상을 보고 난 후에 그것이 상징적인 생각으로 전환될 때, 그의 마음 안에는 두 가지 질문들이 떠오를 것이다. 그 영상의 실제 의미는 무엇인가? 그리고 그 영상이 표면에 드러나게 된 원인은 무엇인가? 첫 번째 질문에 대해 가장 먼저 떠오르는 답이 일반적으로 가장 정확한 뜻일 수 있다. 가능한 모든 의미 중에서 완전한 관점을 포함시키고 또한 해석의 폭을 넓히기 위해서 두 번째의 질문이 필요할 것이다. 이것은 문자적이거나 가장 분명한 의미에 더하여 언어 외의 의미와 함축적인 의미를 탐구하도록 도울 것이다. 만일 이러한 관점들 중 어느 한 쪽이라도 잘 이해하지 못한다면, 그림 언어에 대한 우리의 이해는 제한되며 완전하지 못할 것이다.

> 예: "아내"라는 낱말의 뜻은 보통 여성, 여인을 의미하는 것으로 이해된다. 이 낱말은 또한 어머니, 가정, 돌보는 자, 교회, 그리스도의 신부 등의 넓은 개념을 유발하기도 한다.

상징의 유형

은유는 암시된 비교를 담고 있는 상징이다(예: 혀-기성 작가들의 펜, 예수-유다지파의 사자). 반면에, 직유는 하나를 다른 하나에 비교하며 "처럼"이나 "같은"의 형식을 사용함으로써 명료한 비교를 하는 것이다(예: "사슴이 물을 찾는 것같이 내 영혼이 주를 찾나이다"). 모티브는 기록된 글에 있는 반복되는 형식이거나 그 기록된 원문으로부터 떠오르는 마음의 그림이다. 우리는 성경이 "셀라: 쉬고 생각하라"라고 말하는 모든 곳에 모티브가 이루어지는 것을 허락한다.

에스겔-성경적 예

하나님께서는 에스겔을 이스라엘 집의 파수꾼이라고 묘사하셨으며 자신과 선지자 에스겔과의 의사소통에서 광범위한 상징을 사용하셨다. 위의 원리들이 에스겔이 환상 가운데 본 마른 뼈의 골짜기에 대한 상징법의 다양한 각도를 이해하도록 돕는데 어떻게 사용되었는지 살펴보자.

여호와께서 권능으로 내게 임재하시고 그의 영으로 나를 데리고 가서 골짜기 가운데 두셨는데 거기 뼈가 가득하더라 나를 그 뼈 사방으로 지나가게 하시기로 본즉 그 골짜기 지면에 뼈가 심히 많고 아주 말랐더라 그가 내게 이르시되 인자야 이 뼈들이 능히 살 수 있겠느냐 하시기로 내가 대답하되 주 여호와여 주께서 아시나이다 또 내게 이르시되 너는 이 모든 뼈에게 대언하여 이르기를 너희 마른 뼈들아 여호와의 말씀을 들을지어다 주 여호와께서 이 뼈들에게 이같이 말씀하시기를 내가 생기를 너희에게 들어가게 하리니 너희가 살아나리라 너희 위에 힘줄을 두고 살을 입히고 가죽으로 덮고 너희 속에 생기를 넣으리니 너희가 살아나리라 또 내가 여호와인 줄 너희가 알리라 하셨다 하라 이에 내가 명령을 따라 대언하니 대언할 때에 소리가 나고 움직이며 이 뼈, 저 뼈가 들어 맞아 뼈들이 서로 연결되더라 내가 또 보니 그 뼈에 힘줄이 생기고 살이 오르며 그 위에 가죽이 덮이나 그 속에 생기는 없더라 또 내게 이르시되 인자야 너는 생기를 향하여 대언하라 생기에게 대언하여 이르기를 주 여호와께서 이같이 말씀하시기를 생기야 사방에서부터 와서 이 죽음을 당한 자에게 불어서 살아나게 하라 하셨다 하라 이에 내가 그 명령대로 대언하였더니 생기가 그들에게 들어가매 그들이 곧 살아나서 일어나 서는데 극히 큰 군대더라 겔 37:1-10

하나님께서 말씀하신 해석

또 내게 이르시되 인자야 이 뼈들은 이스라엘 온 족속이라 그들이 이르기를 우리의 뼈들이 말랐고 우리의 소망이 없어졌으니 우리는 다 멸절되었다 하느니라 그러므로 너는 대언하여 그들에게 이르기를 주 여호와께서 이같이 말씀하시기를 내 백성들아 내가 너희 무덤을 열고 너희로 거기에서 나오게 하고 이스라엘 땅으로 들어가게 하리라 내 백성들아 내가 너희 무덤을 열고 너희로 거기에서 나오게 한즉 너희는 내가 여호와인 줄을 알리라 내가 또 내 영을 너희 속에 두어 너희가 살아나게 하고 내가 또 너희를 너희 고국 땅에 두리니 나 여호와가 이 일을 말하고 이룬 줄을 너희가 알리라 여호와의 말씀이니라 겔 37:11-14

에스겔의 환상의 분석

상징/행동	의미	상상의 힘
골짜기에 가득한 마른 뼈들의 무더기	절망의 상태, 극심한 환난, 불가능	
마른 뼈들이 흩어져 있음	유대인들의 흩어짐	
뼈들(절망적인 상황)이 서로 붙으며 해골의 형상으로 연결됨(뼈와 뼈가 서로 연결됨)	예정 안으로 함께 들어 옴. 각각의 뼈들은 그들이 본래 속한 대로 정확한 해골로 들어맞음	유대인들이 예언된 상태로 회복됨
에스겔이 바라볼 때 살과	이것은 특별히 그 과정 중	

가죽이 해골에 덮임	에 도래할 하나님으로부터 평안과 보호를 말한다	
하나님께서 생기를 불어 넣으시는 기적적인 순간까지 몸들이 여전히 죽어 있음	약속된 시간까지 하나님의 영으로 채움 받지 못한다	죽은 상태로부터 회복되고 복구된 후에 백성들은 여전히 영적으로 죽은 상태에 있다. 그들의 옛 영혼은 새로워져야 할 필요가 있다. "생기"는 또한 영을 의미하며 이 환상은 하나님께서 그 첫 번째 사람에게 생기를 불어 넣으셨던 창세기 2장 7절을 회상케 한다
사방에서 바람이 불어 옴	이스라엘을 향한 최종적인 구원을 위한 세상의 사방으로부터의 역할	하나님께서 이스라엘이 흩어져 있는 많은 장소들과 나라들로부터 그들의 후손들을 데려오기까지는 기적이 필요함을 말씀하고 계신다
극히 큰 군대	이스라엘 군대의 최종적인 힘. 그들은 하나님의 군대와 같다	

사전 사용법

이 사전은 독자로 하여금 상징의 의미에만 국한되려는 경향을 막거나 피하도록 하고, 폭 넓은 측면에서 생각할 수 있도록 돕기 위하여 고안되었다. 만약 당신이 상징의 의미에만 고정되어 있다면, 당신은 꿈으로부터 얻을 수 있는 유익들을 제한하게 된다.

꿈 상징 사전 사용 시 다음의 사항들을 기억하는 것이 중요하다.

- 해석은 하나님께 속한 것이다. 그러므로 성령님의 도움 없이 이 사전을 사용하는 것은 헛된 행위다.
- 이 사전은 꿈 해석을 위한 위임장이 아니다.
- 상징에 대한 진정한 의미는 각각의 꿈마다 다르다. 상징은 꿈마다, 개인마다 모두 다르므로 상징에 대한 하나의 의미에 고정되어 있지 마라.
- 성경은 하나님께서 영적인 언어로 영적인 진리를 말씀하신다고 말하고 있다. 그러므로 상징을 해석하는 것은 반드시 하나님의 말씀에 크게 의존해야 한다.
- 독자는 개인에게 묘사된 것이 일반 사람들을 위해서도 묘사된 것이 아니라는 점을 반드시 기억해야 한다. 하나님은 우리 한 사람 한 사람을 고유하게 다루신다.

제 2 부

꿈 상징 사전

The Illustrated Bible-based
Dictionary of Dream Symbols

ㄱ

| **가라지(독초):** 흑암의 자녀들. 악한 자들. 퇴보함. 곡식이라면, 기만적인 것.
| **가뭄:** 하나님이 없는 부족함의 시기.
| **가솔린:** 힘의 근원. 믿음 충만. 기도. 위험성. 죄악된 동기.
| **가슴(유방):** 새 그리스도인들을 위한 우유의 근원. 유혹의 대상. 생계의 근원.

> 네 아버지의 하나님께로 말미암나니 그가 너를 도우실 것이요 전능자로 말미암나니 그가 네게 복을 주실 것이라 위로 하늘의 복과 아래로 깊은 샘의 복과 젖먹이는 복과 태의 복이리로다 창 49:25
> 어찌하여 무릎이 나를 받았던가 어찌하여 내가 젖을 빨았던가 욥 3:12
> 그는 사랑스러운 암사슴 같고 아름다운 암노루 같으니 너는 그의 품을 항상 족하게 여기며 그의 사랑을 항상 연모하라 잠 5:19

| **가시:** 악한 방해. 저주. 험담.
| **가을:** 전환. 추수 시기에 가까움, 혹은 고난의 시기로 들어섬. 한 단계의 마침과 다른 것의 시작.

> 또 너희 마음으로 우리에게 이른 비와 늦은 비를 때를 따라 주시며 우리를 위하여 추수 기한을 정하시는 우리 하나님 여호와를 경외하자 말하지도 아니하니 렘 5:24

| **가족:** 기독교인 혹은 영적 가족. 안약 안의 사람들의 그룹 혹은 하나 됨의 영. 연합된 교제.
| **각성:** 경고하기 위함. 경계심. 행동으로 옮기도록 부채질함.

> 그 때에 주께서 잠에서 깨어난 것처럼, 포도주를 마시고 고함치는 용사처럼 일어나사 시 78:65
> 여호와의 팔이여 깨소서 깨소서 능력을 베푸소서 옛날 옛 시대에 깨신 것 같이 하소서 라합을 저미시고 용을 찌르신 이가 어찌 주가 아니시며 사 51:9
> 만군의 여호와가 말하노라 칼아 깨어서 내 목자, 내 짝 된 자를 치라 목자를 치면 양이 흩어지려니와 작은 자들 위에는 내가 내 손을 드리우리라 슥 13:7

| **간음:** 영에 관한 것이나 육적인 것에서의 불성실함, 또는 실제적

간음. 세상을 사랑하는 쾌락, 죄.

> 간음한 여인들아 세상과 벗된 것이 하나님과 원수 됨을 알지 못하느냐 그런즉 누구든지 세상과 벗이 되고자 하는 자는 스스로 하나님과 원수 되는 것이니라 약 4:4

| **간이식당:** 좋거나 나쁘거나에 관계없이 영적 영양 공급의 장소나 기간. 교회. 하나님의 말씀의 구조적 가르침. 축하.
| **간판/표지판:** 어떤 것의 증거. 예시. 어떤 것에 주의를 끔.

- **양보 표지판:** 복종의 표시.
- **정지 표지판:** 인도하심을 받기 위해 멈추어 기도할 것.
- **횡단로/교차로:** 결정의 장소. 변화의 시간.

| **갈대:** 영적 혹은 육신의 연약함. 의존하기에 지나치게 약한.
| **갈색의/햇볕에 그을린:** 생명. 시기의 변화. 거듭남.
| **감옥:** 인간이 제한되고 인간의 권리가 제한되는 장소. 속박과 감금의 장소. 종종 우울함의 장소를 가리킴. 강한 속박의 영역.
| **강:** 하나님의 운동. 영의 흐름. 장애물로서의 강. 시련.

- **깊은 강:** 하나님의 깊은 것들.
- **말라버린 강:** 하나님의 임재의 부족. 전통 혹은 종교심, 영적

능력의 고갈.
- **위험한 물살:** 영의 흐름 가운데 행하는데 있어서의 어려움들. 앞에 놓인 위험.
- **흙탕물:** 영과 육이 섞인 상태로 역사함.

| **개:** 선한 일을 하도록 돕는, 그러나 너무 신뢰하지는 말아야 할 은사. 다양한 기능을 가진 것일 수 있으나 또한 예측할 수 없는 어떤 것. 인간의 최고의 친구. 특히 좋아하는 죄.
| **개구리:** 악령. 시끄러운. 자랑하는. 마법.

> 네가 만일 보내기를 거절하면 내가 개구리로 너의 온 땅을 치리라
> 출 8:2
> 쇠파리 떼를 그들에게 보내어 그들을 물게 하시고 개구리를 보내어 해하게 하셨으며 시 78:45
> 또 내가 보매 개구리 같은 세 더러운 영이 용의 입과 짐승의 입과 거짓 선지자의 입에서 나오니 계 16:13

| **개미:** 근면한, 미리 계획을 세우는 능력. 삶의 시기들에 대한 인식. 불청객.

> 게으른 자여 개미에게 가서 그가 하는 것을 보고 지혜를 얻으라 개미는 두령도 없고 감독자도 없고 통치자도 없으되 먹을 것을 여름

동안에 예비하며 추수 때에 양식을 모으느니라 잠 6:6-8

곧 힘이 없는 종류로되 먹을 것을 여름에 준비하는 개미와 잠 30:25

| **거둬들임:** 수고에 대한 보상.
| **거미:** 사람들을 함정에 빠뜨림으로 역사하는 악한 영. 거짓 교리.
| **거실:** 다른 사람들이 볼 수 있도록 열려있는 당신의 인격의 한 부분.
| **거울:** 좀 더 가깝게 볼 수 있도록 하는 어떤 것. 어떤 것의 반영. 변화의 필요를 보여주는 하나님의 말씀. 자의식, 허영심.
| **거인:** 천사나 마귀같이 영적으로 힘 있는 존재. 극복이 필요한 도전적 상황. 두려움을 불러일으키는 어떤 것.

거기서 네피림 후손인 아낙 자손의 거인들을 보았나니 우리는 스스로 보기에도 메뚜기 같으니 그들이 보기에도 그와 같았을 것이니라 민 13:33

| **건물:** 장소나 사람 혹은 교회의 영적이거나 감정적인 존재를 상징. 사람의 생명이나 교회 혹은 직임.

또 내가 네게 이르노니 너는 베드로라 내가 이 반석 위에 내 교회를 세우리니 음부의 권세가 이기지 못하리라 마 16:18

집을 짓되 깊이 파고 주추를 반석 위에 놓은 사람과 같으니 큰 물이

나서 탁류가 그 집에 부딪치되 잘 지었기 때문에 능히 요동하지 못하게 하였거니와 눅 6:48

그러므로 누구든지 나의 이 말을 듣고 행하는 자는 그 집을 반석 위에 지은 지혜로운 사람 같으리니 비가 내리고 창수가 나고 바람이 불어 그 집에 부딪치되 무너지지 아니하나니 이는 주추를 반석 위에 놓은 까닭이요 나의 이 말을 듣고 행하지 아니하는 자는 그 집을 모래 위에 지은 어리석은 사람 같으리니 마 7:24-26

| **걷기:** 삶의 통로를 걸음. 성령 안에서의 삶. 성령 안에서의 삶의 진행.

- **걷지 못함:** 당신이 부르심 받은 일을 행하는 것에 대한 방해.
- **걸려 넘어짐:** 실수를 저지름, 실패하는. 잘못하는. 진리의 부족.
- **힘들게 걷기:** 시련이나 반대를 직면함. 목적지를 향한 악한 반대.

| **검:** 하나님의 말씀. 어떤 사람을 향한 저항의 말.
| **검정색:** 결핍, 기근. 악하고 마귀적인 영. 흑암.

어둠과 죽음의 그늘이 그 날을 자기의 것이라 주장하였더라면, 구름이 그 위에 덮였더라면, 흑암이 그 날을 덮었더라면 욥 3:5

| **겉옷:** 보호하는. 가려주는. 망토.

여호와 하나님이 아담과 그의 아내를 위하여 가죽옷을 지어 입히시니라 창 3:21

거룩한 세마포 속옷을 입으며 세마포 속바지를 몸에 입고 세마포 띠를 띠며 세마포 관을 쓸지니 이것들은 거룩한 옷이라 물로 그의 몸을 씻고 입을 것이며 레 16:4

의복을 가져다가 아론에게 속옷과 에봇 받침 겉옷과 에봇을 입히고 흉패를 달고 에봇에 정교하게 짠 띠를 띠게 하고 출 29:5

| **깨끗한 겉옷:** 의로움.

- **더럽혀진 겉옷:** 불의한, 불결한.

| **겨울:** 열매 맺지 못하는 계절. 잠재적 기간.

너희가 도망하는 일이 겨울에나 안식일에 되지 않도록 기도하라 마 24:20

너는 겨울 전에 어서 오라 으불로와 부데와 리노와 글라우디아와 모든 형제가 다 네게 문안하느니라 딤후 4:21

| **겨자씨:** 믿음. 믿음의 가치 혹은 능력. 심는 것은 믿음. 하나님의 말씀. 하나님의 약속.

> 이르시되 너희 믿음이 작은 까닭이니라 진실로 너희에게 이르노니 만일 너희에게 믿음이 겨자씨 한 알 만큼만 있어도 이 산을 명하여 여기서 저기로 옮겨지라 하면 옮겨질 것이요 또 너희가 못할 것이 없으리라 마 17:20

| **결혼:** 하나님의 것들 안으로 깊이 들어 감(친밀함). 언약의 진행. 실제 결혼. 예수 그리스도와 교회와의 연합.
| **경기:** 삶의 경쟁. 영적 전쟁/논쟁.
| **경기장:** 엄청난 영향.
| **경기하기:** 실제 삶의 상황을 반영함. 삶의 게임.
| **경찰:** 영적 권세. 좋거나 나쁘거나 목적을 이루기 위하여 능력을 갖춤. 목사, 장로, 천사, 혹은 마귀. 저주의, 혹은 법의 시행자.
| **계단:** 변화를 가져오는 수단.

- **계단 손잡이:** 안전. 주의. 주의해야 할 것을 경고해줌.
- **아래층 계단:** 좌천. 뒤로 미끄러짐. 실패.

| **고가도로:** 거룩한 길. 삶의 여정. 하나님의 진리. 예수님. 삶속에 예정된 길 혹은 상류층의 관습을 즐기는 삶의 여정. 선하거나 악한 목적지들로 이끌 수 있음.

- **공사 중인 길:** 준비 중. 변화.

- **막다른 길:** 허무해질 수 있는 행동의 과정.
- **자갈길:** 길. 하나님의 말씀. 돌짝밭.
- **진흙길:** 어려운 여정. 확실치 않음. 불확실한 여정.

| **고등학교:** 하나님과의 동행 안에서 더 높은 단계로 나아감. 자신이 받은 동일한 것을 다른 사람들에게 줄 수 있는 능력.
| **고삐:** 조종 혹은 억제의 수단.
| **고양이:** 개인 애완용 동물. 기만하는 상황이나 사람. 자기 의지적인 어떤 것 혹은 사람. 가르침을 받지 못하는 영. 비열하고 교활한, 그리고 속이는 영. 주술. 공격하기 위해 기다림. 위험할 수 있는 소중한 습관.
| **고용주/주인:** 예수. 좋거나 나쁘거나 권세. 목사. 악한 지도력.
| **곧은:** 태도가 교정을 받음. 바른 방향으로 감.
| **골동품:** 과거에 관계되는 어떤 것. 좋거나 나쁘거나 물려받은 어떤 것.

> 여호와께서 이와 같이 말씀하시되 너희는 길에 서서 보며 옛적 길 곧 선한 길이 어디인지 알아보고 그리로 가라 너희 심령이 평강을 얻으리라 하나 그들의 대답이 우리는 그리로 가지 않겠노라 하였으며 렘 6:16

| **곰:** 위험, 악한 사람 혹은 악한 영, 보복심. 악한. 당신이 소유한

것을 뒤쫓는 어떤 것.

다윗이 사울에게 말하되 주의 종이 아버지의 양을 지킬 때에 사자나 곰이 와서 양 떼에서 새끼를 물어가면 내가 따라가서 그것을 치고 그 입에서 새끼를 건져내었고 그것이 일어나 나를 해하고자 하면 내가 그 수염을 잡고 그것을 쳐죽였나이다 주의 종이 사자와 곰도 쳤은즉 살아 계시는 하나님의 군대를 모욕한 이 할례 받지 않은 블레셋 사람이리이까 그가 그 짐승의 하나와 같이 되리이다 또 다윗이 이르되 여호와께서 나를 사자의 발톱과 곰의 발톱에서 건져내셨은즉 나를 이 블레셋 사람의 손에서도 건져내시리이다 사울이 다윗에게 이르되 가라 여호와께서 너와 함께 계시기를 원하노라 **삼상 17:34-37**

마치 사람이 사자를 피하다가 곰을 만나거나 혹은 집에 들어가서 손을 벽에 대었다가 뱀에게 물림 같도다 **암 5:19**

| **곳간:** 공급의 장소. 교회. 축적된 영적 부.

둘 다 추수 때까지 함께 자라게 두어라 추수 때에 내가 추숫군들에게 말하기를 가라지는 먼저 거두어 불사르게 단으로 묶고 곡식은 모아 내 곳간에 넣으라 하리라 **마 13:30**

곡식 종자가 아직도 창고에 있느냐 포도나무, 무화과나무, 석류나무, 감람나무에 열매가 맺지 못하였느니라 그러나 오늘부터는 내가

너희에게 복을 주리라 학 2:19

| **공룡:** 아주 먼 과거의 어떤 것. 어떤 크고 무서운 것. 그러나 하나님께서 다루시는 것.
| **공원:** 안식, 경배, 고요의 장소. 일시적인 장소. 평화의 장소. 로맨스의 장소. 묵상, 운동, 휴양의 장소.
| **공작새:** 교만한 어떤 것. 일반적으로 왕궁의 장식.
| **공장:** 하나님의 포도원 안의 조직적 섬김.
| **공항:** 선교사들을 파송하는 사역. 선교사들을 준비시키고 파송하는 능력이 있는 영적으로 강력한 교회. 사역과 공급을 위한 준비 혹은 봉사를 위한 준비가 되어 있는 상태.
| **과일들:** 영양분의 근원. 증가의 방편. 노동의 보상. 어떤 것 혹은 아이를 가짐. 추수. 완성에 이름. 성령의 선물. 우리의 수고의 열매. 태의 열매. 기독교의 모든 덕망을 갖춘 성령의 열매.
| **광선:** 하나님이나 하늘로부터 임하는 능력이나 조명. 폭로의 시기. 주목 받는 때.
| **광야:** 힘든 시기. 시련, 시험의 장소. 하나님과 거리가 먼. 연단의 장소. 공급의 장소.
| **광주리:** 하나님의 공급의 측량 기구. 심판의 척도.

주 여호와께서 내게 이와 같이 보이셨느니라 보라 여름 과일 한 광주리이니라 그가 말씀하시되 아모스야 네가 무엇을 보느냐 내가 이

르되 여름 과일 한 광주리니이다 하매 여호와께서 내게 이르시되 내 백성 이스라엘의 끝이 이르렀은즉 내가 다시는 그를 용서하지 아니하리니 암 8:1-2

내게 말하던 천사가 나아와서 내게 이르되 너는 눈을 들어 나오는 이것이 무엇인가 보라 하기로 내가 묻되 이것이 무엇이니이까 하니 그가 이르되 나오는 이것이 에바이니라 하시고 또 이르되 온 땅에서 그들의 모양이 이러하니라 이 에바 가운데에는 한 여인이 앉았느니라 하니 그 때에 둥근 납 한 조각이 들리더라 그가 이르되 이는 악이라 하고 그 여인을 에바 속으로 던져 넣고 납 조각을 에바 아귀 위에 던져 덮더라 내가 또 눈을 들어 본즉 두 여인이 나오는데 학의 날개 같은 날개가 있고 그 날개에 바람이 있더라 그들이 그 에바를 천지 사이에 들었기로 내가 내게 말하는 천사에게 묻되 그들이 에바를 어디로 옮겨 가나이까 하니 그가 내게 이르되 그들이 시날 땅으로 가서 그것을 위하여 집을 지으려 함이니라 준공되면 그것이 제 처소에 머물게 되리라 하더라 슥 5:5-11

| **광채:** 하나님의 임재. 계시. 해결. 어려운 시기를 마침.

내가 보니 불 같은 형상이 있더라 그 허리 아래의 모양은 불 같고 허리 위에는 광채가 나서 단 쇠 같은데 겔 8:2

지혜 있는 자는 궁창의 빛과 같이 빛날 것이요 많은 사람을 옳은 데로 돌아오게 한 자는 별과 같이 영원토록 빛나리라 단 12:3

왕이여 왕이 한 큰 신상을 보셨나이다 그 신상이 왕의 앞에 섰는데 크고 광채가 매우 찬란하며 그 모양이 심히 두려우니 단 2:31
이는 하나님의 영광의 광채시요 그 본체의 형상이시라 그의 능력의 말씀으로 만물을 붙드시며 죄를 정결하게 하는 일을 하시고 높은 곳에 계신 지극히 크신 이의 우편에 앉으셨느니라 히 1:3

| **교량:** 믿음과 같이 장애물을 건너게 하는 어떤 것. 두 가지 것들 사이의 혹은 두 가지 상황들 사이의 연결. 어려운 시기에 지탱하게 하는 것.
| **교사:** 예수 그리스도. 성령. 하나님의 은사.
| **교수대:** 극심한 형벌의 장소. 인과응보 혹은 죽음의 장소.

모르드개를 매달려고 한 나무에 하만을 다니 왕의 노가 그치니라
에 7:10

| **교실:** 영적 준비를 위한 시기. 다른 사람들을 가르치는 은사를 가진 사람.
| **교차로:** 자리를 잡거나 바꾸는데 있어서의 대단히 중대한 선택, 선택들.
| **구더기:** 더러움 혹은 육신의 정욕. 부패.
| **구덩이:** 유혹, 덫, 통로의 구멍.
| **구름:** 하늘의 현현. 하나님의 영광스러운 임재. 여행의 어두운 시

기. 두려움. 환난. 삶의 폭풍.

> 여호와께서 그들 앞에서 가시며 낮에는 구름 기둥으로 그들의 길을 인도하시고 밤에는 불 기둥을 그들에게 비추사 낮이나 밤이나 진행하게 하시니 출 13:21
>
> 여호와께서 모세에게 이르시되 네 형 아론에게 이르라 성소의 휘장 안 법궤 위 속죄소 앞에 아무 때나 들어오지 말라 그리하여 죽지 않도록 하라 이는 내가 구름 가운데에서 속죄소 위에 나타남이니라 레 16:2
>
> 그 때에 인자의 징조가 하늘에서 보이겠고 그 때에 땅의 모든 족속들이 통곡하며 그들이 인자가 구름을 타고 능력과 큰 영광으로 오는 것을 보리라 마 24:30

- **검은 구름:** 폭풍의 시기.
- **흰 구름:** 하나님의 영광.

| **구부러진:** 뒤틀린, 곧지 않은.

> 골짜기마다 돋우어지며 산마다, 언덕마다 낮아지며 고르지 아니한 곳이 평탄하게 되며 험한 곳이 평지가 될 것이요 사 40:4
>
> 자기의 굽은 길로 치우치는 자들은 여호와께서 죄를 범하는 자들과 함께 다니게 하시리로다 이스라엘에게는 평강이 있을지어다

시 125:5

❙ **구입하다:** 좋거나 나쁜 어떤 것을 준비하다. 취하다. 요청하다. 또는 얻다.

> 베냐민 땅과 예루살렘 사방과 유다 성읍들과 산지의 성읍들과 저지대의 성읍들과 네겝의 성읍들에 있는 밭을 은으로 사고 증서를 기록하여 봉인하고 증인을 세우리니 이는 내가 그들의 포로를 돌아오게 함이니라 여호와의 말씀이니라 렘 32:44
> 진리를 사되 팔지는 말며 지혜와 훈계와 명철도 그리할지니라
> 잠 23:23
> 그가 장막을 친 밭을 세겜의 아버지 하몰의 아들들의 손에서 백 크시타에 샀으며 창 33:19

❙ **국가:** 국가의 특성을 나타낼 수 있음. 그 국가와 관련된 소명. 실제 그 나라.

- **독일:** 근면. 세계 대전.
- **미국:** 카우보이.
- **유대인:** 사업가다운 생각.
- **프랑스:** 로맨스.

| **군대:** 좋거나, 나쁜 영적 군사들.
| **궤:** 하나님의 임재와 관계된 어떤 것. 힘의 대상.

> 속죄소를 궤 위에 얹고 내가 네게 줄 만나라 하였으며 증거판을 궤 속에 넣으라 거기서 내가 너와 만나고 속죄소 위 곧 증거궤 위에 있는 두 그룹 사이에서 내가 이스라엘 자손을 위하여 네게 명령할 모든 일을 네게 이르리라 출 25:21-22

| **귀:** 선견자가 아니라 선지자의 상징-세우거나 허무는 것과 같은 영적인 것들을 듣는 것. 듣는 것이 부족하거나 더 많은 주의를 기울이는 것이 필요함.
| **귀먹은:** 영적으로 주의가 깊지 않은. 주의를 기울이지 않은.
| **균형 잡기:** 문제의 양쪽 면 모두에게 영향을 주는 어떤 것. 한 방향이나 다른 방향으로 기울어지려는 어떤 것. 심판.
| **그네:** 삶의 기복.
| **그네 타기:** 충만한 평안의 흐름.

- **높이 그네 타기:** 방종. 불필요한 위험을 감행함.

| **그릇:** 좋은 혹은 나쁜 목적에 그릇으로 사용되는 사람들. 기독교 신자들.
| **그림 그리기:** 개념화 하기.

- **그림(Paint):** 교리, 진리 혹은 기만.
- **화가의 그림:** 설명의 도구나 방법. 표현에 능숙해짐.

| **그림(Picture):** 이미지와 관련된 어떤 것. 기억하는. 존중하는.
| **그림자:** 어떤 것의 반영. 영적인 덮개. 안전과 보안의 장소. 단지 부분적으로만 조명된. 빈약한 유사점을 가진. 망상 혹은 모방. 실제적인 본질의 불완전함 혹은 결핍.

> 지존자의 은밀한 곳에 거주하며 전능자의 그늘 아래에 사는 자여
> 시 91:1

- **짙은 그림자:** 마귀들.

| **그물:** 덫, 함정에 빠뜨림. 적의 계획들. 영혼들을 구원함.
| **금:** 하나님의. 신성의 인침. 존귀함. 하나님의 영광. 신실함. 인내. 견디는 거룩함. 명예의 상징. 고귀한 용기. 오래 지속되는 가치 있는 어떤 것.

> 몸을 돌이켜 나에게 말한 음성을 알아 보려고 돌이킬 때에 일곱 금 촛대를 보았는데 계 1:12
> 너는 순금으로 그것을 싸되 그 안팎을 싸고 위쪽 가장자리로 돌아가며 금 테를 두르고 출 25:11

너는 조각목으로 상을 만들되 길이는 두 규빗, 너비는 한 규빗, 높이는 한 규빗 반이 되게 하고 순금으로 싸고 주위에 금 테를 두르고 그 주위에 손바닥 넓이만한 턱을 만들고 그 턱 주위에 금으로 테를 만들고 그것을 위하여 금 고리 넷을 만들어 그 네 발 위 네 모퉁이에 달되 턱 곁에 붙이라 이는 상을 멜 채를 꿸 곳이며 또 조각목으로 그 채를 만들고 금으로 싸라 상을 이것으로 멜 것이니라 너는 대접과 숟가락과 병과 붓는 잔을 만들되 순금으로 만들며 상 위에 진설병을 두어 항상 내 앞에 있게 할지니라 출 25: 23-30

큰 집에는 금 그릇과 은 그릇뿐 아니라 나무 그릇과 질그릇도 있어 귀하게 쓰는 것도 있고 천하게 쓰는 것도 있나니 딤후 2:20

| **궁휼의 보좌:** 하나님의 궁휼을 가리킴. 주님의 왕권. 하나님의 보좌. 하나님의 사랑.
| **기계들:** 능력과 성령님의 원리.
| **기둥:** 어떤 것의 중요한 후원. 영적이거나 육적인 기둥. 근본적인 진리들.
| **기름:** 기름부음. 번영. 성령님. 하나님의 은혜/자비. 의약품. 기쁨.
| **기름부음:** 사역을 위하여 성령으로 준비시킴. 일을 하게 하기 위한 성령의 능력, 성화. 어떤 것으로부터 구별됨.

너희 중에 병든 자가 있느냐 그는 교회의 장로들을 청할 것이요 그

들은 주의 이름으로 기름을 바르며 그를 위하여 기도할지니라
약 5:14

너는 또 님시의 아들 예후에게 기름을 부어 이스라엘의 왕이 되게 하고 또 아벨므홀라 사밧의 아들 엘리사에게 기름을 부어 너를 대신하여 선지자가 되게 하라 왕상 19:16

| **기어감:** 수치심 혹은 수치를 당하는 것.
| **기차:** 많은 수의 사람들에게 영향을 미치는 큰 사역. 사람들을 움직이고 내어 보냄. 하나님의 움직임.
| **기차선로:** 전통. 바뀌지 않는 습관. 고집. 주의, 위험.
| **긴 가운:** 하나님으로부터의 진정한 보호. 의로움. 하나님과 함께 바르게 서 있음.
| **깃털들:** 보호를 위한 영적 덮개. 가벼움. 영적 영역 안으로 움직여 들어가는 어떤 것. 하나님의 임재.

그가 너를 그의 깃으로 덮으시리니 네가 그의 날개 아래에 피하리로다 그의 진실함은 방패와 손 방패가 되시나니 시 91:4

여호와께서 이같이 말씀하여 이르시되 색깔이 화려하고 날개가 크고 깃이 길고 털이 숱한 큰 독수리가 레바논에 이르러 백향목 높은 가지를 꺾되 그 연한 가지 끝을 꺾어 가지고 장사하는 땅에 이르러 상인의 성읍에 두고 또 그 땅의 종자를 꺾어 옥토에 심되 수양버들 가지처럼 큰 물 가에 심더니 그것이 자라며 퍼져서 높지 아니한 포

도나무 곧 굵은 가지와 가는 가지가 난 포도나무가 되어 그 가지는 독수리를 향하였고 그 뿌리는 독수리 아래에 있었더라 또 날개가 크고 털이 많은 큰 독수리 하나가 있었는데 그 포도나무가 이 독수리에게 물을 받으려고 그 심어진 두둑에서 그를 향하여 뿌리가 뻗고 가지가 퍼졌도다 겔 17:3-7

| **깨끗하게 하는:** 일이 옳게 되도록 함. 나쁜 것을 제거하는.
| **깨끗한:** 성결케 하는. 정화하는. 의롭게 하는. 준비되고 용납되는.
| **꼬리:** 어떤 것의 결말. 어떤 것의 가장 작은 것. 마지막 시간.
| **꽃:** 사라져 버리는 인간의 육신의 영광. 헌금. 하나님의 영광. 사랑의 아름다운 표현. 갱신. 봄.

그 기름진 골짜기 꼭대기에 있는 그의 영화가 쇠잔해 가는 꽃이 여름 전에 처음 익은 무화과와 같으리니 보는 자가 그것을 보고 얼른 따서 먹으리로다 사 28:4
부한 자는 자기의 낮아짐을 자랑할지니 이는 그가 풀의 꽃과 같이 지나감이라 약 1:10
이 구원에 대하여는 너희에게 임할 은혜를 예언하던 선지자들이 연구하고 부지런히 살펴서 벧전 1:10

- **백합:** 예수.
- **장미:** 사랑, 구애, 구혼, 로맨스.

| **꿀:** 달콤함. 힘. 지혜. 하나님의 영. 영구적인 기름부음. 우리 주님의 달콤한 말씀. 기쁜 일을 측량하는 표준치. 땅의 최고의 소산물. 풍부함. 젖과 꿀이 흐르는 땅. 기근 가운데 있는 양식.

> 그들의 아버지 이스라엘이 그들에게 이르되 그러할진대 이렇게 하라 너희는 이 땅의 아름다운 소산을 그릇에 담아가지고 내려가서 그 사람에게 예물로 드릴지니 곧 유향 조금과 꿀 조금과 향품과 몰약과 유향나무 열매와 감복숭아이니라 **창 43:11**
>
> 그는 강 곧 꿀과 엉긴 젖이 흐르는 강을 보지 못할 것이요 **욥 20:17**
>
> 내가 내려가서 그들을 애굽인의 손에서 건져내고 그들을 그 땅에서 인도하여 아름답고 광대한 땅, 젖과 꿀이 흐르는 땅 곧 가나안 족속, 헷 족속, 아모리 족속, 브리스 족속, 히위 족속, 여부스 족속의 지방에 데려가려 하노라 **출 3:8**
>
> 꿀과 버터와 양과 치즈를 가져다가 다윗과 그와 함께 한 백성에게 먹게 하였으니 이는 그들 생각에 백성이 들에서 시장하고 곤하고 목마르겠다 함이더라 **삼하 17:29**

| **꿈꾸기:** 깊은 영적 메시지를 받기. 장래적인 메시지.
| **끈:** 서로 묶어주는 어떤 것. 연합과 사랑의 강화.

ㄴ

| **나무(Wood)**: 생명. 육체에 의존함. 인간성. 육적인 이성. 정욕.
| **나무(Tree)**: 좋은 혹은 나쁜 지도자. 사람 혹은 기관. 열방 혹은 왕국.

- **그루터기**: 성향 혹은 완고함. 환경에 불구하고 소망을 유지함. 뿌리를 제자리에 간직함.
- **떡갈나무**: 매우 강한 힘. 오래 견디는.
- **버드나무**: 슬픔을 가리킴. 패배.

무릇 시온에서 슬퍼하는 자에게 화관을 주어 그 재를 대신하며 기쁨의 기름으로 그 슬픔을 대신하며 찬송의 옷으로 그 근심을 대신하시고 그들이 의의 나무 곧 여호와께서 심으신 그 영광을 나타낼 자라 일컬음을 받게 하려 하심이라 사 61:3

내가 침상에서 나의 머리 속으로 받은 환상이 이러하니라 내가 본즉 땅의 중앙에 한 나무가 있는 것을 보았는데 높이가 높더니 단 4:10

이새의 줄기에서 한 싹이 나며 그 뿌리에서 한 가지가 나서 결실할 것이요 사 11:1

그러나 그 뿌리의 그루터기를 땅에 남겨 두고 쇠와 놋줄로 동이고 그것을 들 풀 가운데에 두어라 그것이 하늘 이슬에 젖고 땅의 풀 가운데에서 짐승과 더불어 제 몫을 얻으리라 단 4:15

- **상록수:** 오래 지속되는. 영구적인.
- **올리브나무:** 하나님의 기름부음 받은 자. 이스라엘. 교회. 거룩케 하기 위해 부어 바르는 기름.
- **종려나무:** 열매를 생산하는 지도자.
- **크리스마스트리:** 축제.

| **나뭇가지들:** 하나님의 백성, 교회들. 교회 분열.

나는 포도나무요 너희는 가지라 그가 내 안에, 내가 그 안에 거하면 사람이 열매를 많이 맺나니 나를 떠나서는 너희가 아무 것도 할 수 없음이라 요 15:5

나는 참 포도나무요 내 아버지는 농부라 무릇 내게 붙어 있어 열매를 맺지 아니하는 가지는 아버지께서 그것을 제거해 버리시고 무릇 열매를 맺는 가지는 더 열매를 맺게 하려 하여 그것을 깨끗하게 하시느니라 요 15:1-2

| **나뭇잎:** 생명 강가에 심겨진 건강한 잎들을 가진 나무. 나라의 치유.

- **마른 잎:** 삶의 압박들.

| **나방:** 어두운 장소에 사는 벌레. 속임수로 인한 손실을 가져옴. 부패와 퇴보.
| **낙타:** 종의 마음을 가짐. 다른 사람들의 고민을 담당하는 재능이 있는. 중보기도의 영.
| **낙하산 타기:** 탈출, 도망, 달아남.
| **난간들:** 조정의 영. 강박적인 정돈.
| **날개:** 예언적인. 하나님의 보호 아래.

> 내가 애굽 사람에게 어떻게 행하였음과 내가 어떻게 독수리 날개로 너희를 업어 내게로 인도하였음을 너희가 보았느니라 출 19:4
> 하나님이여 내게 은혜를 베푸소서 내게 은혜를 베푸소서 내 영혼이 주께로 피하되 주의 날개 그늘 아래에서 이 재앙들이 지나기까지 피하리이다 시 57:1
> 네 생물은 각각 여섯 날개를 가졌고 그 안과 주위에는 눈들이 가득하더라 그들이 밤낮 쉬지 않고 이르기를 거룩하다 거룩하다 거룩하다 주 하나님 곧 전능하신 이여 전에도 계셨고 이제도 계시고 장차 오실 이시라 하고 계 4:8
> 예루살렘아 예루살렘아 선지자들을 죽이고 네게 파송된 자들을 돌

로 치는 자여 암탉이 제 새끼를 날개 아래에 모음 같이 내가 너희의 자녀를 모으려 한 일이 몇 번이냐 그러나 너희가 원하지 아니하였도다 눅 13:34

| 날기: 성령에 의해 강력하게 충전됨.

저 구름 같이, 비둘기들이 그 보금자리로 날아가는 것 같이 날아오는 자들이 누구냐 사 60:8
새가 날개 치며 그 새끼를 보호함 같이 나 만군의 여호와가 예루살렘을 보호할 것이라 그것을 호위하며 건지며 뛰어넘어 구원하리라 하셨느니라 사 31:5
그룹을 타고 다니심이여 바람 날개를 타고 높이 솟아오르셨도다
시 18:10, 2 삼하 22:11

| 낡은: 옛 방법들.
| 남쪽: 평화의 장소. 원기회복의 근원. 자연적 성향.
| 남편: 예수 그리스도. 실제 남편.
| 납(금속): 무거운 부담. 무거운 것.
| 낫: 거두어들임. 하나님의 말씀. 추수.
| 낮 시간: 기회의 시간. 빛의 시기. 선한 행실의 시기. 일들이 드러나는 시기 또는 이해하게 되는 때.
| 냉동기: 미래를 위하여 영적 양식을 저장함.

| **냉장고:** "문제"들이 보관된 곳. 마음의 문제들. 동기. 생각. 알맞은 때를 위하여 영적 양식을 저장함.

- **저장된 음식:** 마음 안에 축적된 것들.
- **상한 음식:** 원한을 품음. 불결한 생각들 혹은 욕망들.

| **넝마 조각:** 가난. 겸손 혹은 결핍.
| **노 젓는 배:** 남을 위하여 중보하는 사역. 간절히 기도드림.
| **노란색:** 소망. 두려움. 마음.
| **노래하다:** 노래의 가사-하나님의 메시지. 기뻐함. 마음의 것들이 흘러넘침.
| **노를 저음:** 무슨 일을 하고 있음. 영 안에서 수고함. 영 안에서 진통을 함. 힘든 일.
| **놋쇠:** 단단함. 단단한 덮개. 심판/포로/깨뜨려서 나오기 힘든. 힘. 부정적인 견고한 진.

> 네 머리 위의 하늘은 놋이 되고 네 아래의 땅은 철이 될 것이며 **신 28:23**
> 그들이 시드기야의 아들들을 그의 눈앞에서 죽이고 시드기야의 두 눈을 빼고 놋사슬로 그를 결박하여 바벨론으로 끌고 갔더라 **왕하 25:7**
> 내가 너희의 세력으로 말미암은 교만을 꺾고 너희의 하늘을 철과 같게 하며 너희 땅을 놋과 같게 하리니 **레 26:19**

| **농부:** 새신자를 돌보기 위하여 심고 양육하고 돌보는 사람. 심고 수확을 거둘 수 있는 목사. 예수 그리스도.
| **누룩:** 다른 사람들에게 퍼지는 죄. 거짓된 신념 체계.
| **눈(Snow):** 하나님의 은총. 완전한 순결.

> 눈을 양털 같이 내리시며 서리를 재 같이 흩으시며 시 147:16
> 내가 보니 왕좌가 놓이고 옛적부터 항상 계신 이가 좌정하셨는데 그의 옷은 희기가 눈 같고 그의 머리털은 깨끗한 양의 털 같고 그의 보좌는 불꽃이요 그의 바퀴는 타오르는 불이며 단 7:9

- **더럽혀진 눈:** 더 이상 순결하지 않음.

| **눈(Eye):** 선견자로서의 기름 부으심.

- **감은 눈:** 무지. 대부분 스스로 영적 소경이 됨.
- **윙크하는 눈:** 감춰진 의도 혹은 교활한 사람.

| **눈먼:** 이해의 부족. 무지. 영적 세계를 보지 못함.
| **눈물:** 감정의 씨앗을 뿌림. 대부분 고뇌 그러나 깨어짐의 표현일 수도. 기쁨.
| **늑대:** 하나님의 일을 파괴하려는 경향. 잘못된 사역자. 기회주의적인 사람.

| **늙은 사람:** 기독교인 이전의 자신. 지혜의 영.
| **늦잠:** 신적인 약속을 놓칠 수 있음.

ㄷ

| **다락방:** 마음의 영역. 사고의 진행. 영의 영역. 기억. 과거의 문제들. 저장된 물건들.

> 이튿날 그들이 길을 가다가 그 성에 가까이 갔을 그 때에 베드로가 기도하려고 지붕에 올라가니 그 시각은 제 육 시더라 그가 시장하여 먹고자 하매 사람들이 준비할 때에 황홀한 중에 하늘이 열리며 한 그릇이 내려오는 것을 보니 큰 보자기같고 네 귀를 매어 땅에 드리웠더라 행 10:9-11

| **다리들:** 지탱할 수 있는 수단. 삶을 걸어갈 수 있는 영적 힘.

- **여인의 다리:** 유혹의 힘.

| **다림질:** 지침과 교훈으로 고치는 과정. 어떤 것을 다시 말함. 문

제 있는 관계를 해결해 나감. 죄로부터 돌아섬.
| **다이나마이트:** 성령의 다이나모스(dynamos), 능력. 좋거나 나쁜 거대한 영적 능력.
| **다이아몬드:** 파고 새기는 어떤 것. 단단한 어떤 것. 자르기에 날카로운 어떤 것. 펜촉. 소중한 어떤 것.
| **달:** 통치력을 가리킴. 어둠의 시기에 다스리는 것. 삶의 어두운 시기에 비추시는 하나님의 빛.

> 하나님이 두 큰 광명체를 만드사 큰 광명체로 낮을 주관하게 하시고 작은 광명체로 밤을 주관하게 하시며 또 별들을 만드시고 창 1:16

| **달걀, 씨앗:** 섬세한 씨앗 혹은 약속. 생계. 성장의 가능성-어떤 방법이나 계시에 대한 잠재력과 발전.
| **달리기:** 어떤 것을 좇아가려고 시도함. 힘든 일. 경주.
| **달콤한:** 즐거운 것. 하나님의 말씀을 반영함. 성령님과의 교제.
| **닭:** 복음 전도자. 은사. 돌보는 영. 모임.

> 예루살렘아 예루살렘아 선지자들을 죽이고 네게 파송된 자들을 돌로 치는 자여 암탉이 그 새끼를 날개 아래에 모음 같이 내가 네 자녀를 모으려 한 일이 몇 번이더냐 그러나 너희가 원하지 아니하였도다 마 23:37, 눅 13:34

- **병아리:** 방어 능력이 없는.
- **암탉:** 자랑.

| **당나귀:** 견디는 영. 만약 하나님께 항복한다면 그분께서 사용하실 수 있는 영.
| **닻:** 물체나 사람이 매달리는 기둥. 소망을 세우는 토대.

> 우리가 이 소망을 가지고 있는 것은 영혼의 닻 같아서 튼튼하고 견고하여 휘장 안에 들어 가나니 히 6:19

| **대리석:** 아름다움. 하나님의 위엄.
| **대머리:** 지혜가 부족함.
| **대양:** 수많은 사람들.
| **대접:** 어떤 것을 측량함.

> 그의 헌물은 성소의 세겔로 백삼십 세겔 무게의 은반 하나와 칠십 세겔 무게의 은 바리 하나라 이 두 그릇에는 소제물로 기름 섞은 고운 가루를 채웠고 민 7:13
> 대접으로 포도주를 마시며 귀한 기름을 몸에 바르면서 요셉의 환난에 대하여는 근심하지 아니하는 자로다 암 6:6
> 만군의 여호와께서 그들을 호위하시리니 그들이 원수를 삼키며 물맷돌을 밟을 것이며 그들이 피를 마시고 즐거이 부르기를 술취한

것 같이 할 것인즉 피가 가득한 동이와도 같고 피 묻은 제단 모퉁이
와도 같을 것이라 슥 9:15

그대로 된지라 이튿날 기드온이 일찍이 일어나서 양털을 가져다가
그 양털에서 이슬을 짜니 물이 그릇에 가득하더라 삿 6:38

| 대학: 영안에서의 승진. 무장되는 시기를 위한 준비.
| 댐: 연합의 힘 혹은 모임의 근원. 흘러가는데 있어서의 장애물.
자원을 비축함. 고요함.
| 더러운 옷: 거짓 교리. 죄된 본성.

여호수아가 더러운 옷을 입고 천사 앞에 서 있는지라 여호와께서
자기 앞에 선 자들에게 명령하사 그 더러운 옷을 벗기라 하시고 또
여호수아에게 이르시되 내가 네 죄악을 제거하여 버렸으니 네게 아
름다운 옷을 입히리라 하시기로 내가 말하되 정결한 관을 그의 머
리에 씌우소서 하매 곧 정결한 관을 그 머리에 씌우며 옷을 입히고
여호와의 천사는 곁에 섰더라 슥 3:3-5

| 더러운/메마른: 영적으로 순수하지 못한 것들.
| 더러운/무시된: 주의가 필요한 부분.
| 덫: 함정. 사람에 대한 두려움. 속박 안으로 데리고 옴.
| 도끼: 하나님의 말씀. 친절한 말로 격려하기. 확정될 필요가 있는
문제들.

> '이미 도끼가 나무 뿌리에 놓였으니 좋은 열매를 맺지 아니하는 나무마다 찍혀 불에 던져지리라 마 3:10

| **도둑:** 사단. 기만하는 자. 은밀한 침입자. 예상치 못한 상실.
| **도랑:** 기만. 덫. 육적인 욕망.
| **도서관:** 지식의 장소. 학교 교육. 지혜.
| **도시:** 사람의 짜임새. 개인이나 사람들 안에 주입된 모든 것. 도시 혹은 그 도시가 알려진 어떤 요소. 그룹. 교회.
| **도장:** 확증 혹은 확실성 혹은 보장. 하나님의 승인 혹은 소유물에 대한 표. 악령의 표.
| **독:** 악하고 치명적인 가르침 혹은 교리.
| **돈:** 하나님의 은총. 영적, 자연적 부요함. 영적 권세. 힘. 인간의 힘. 욕심.
| **돈다발:** 추수의 정도. 심판이나 보상을 위한 모임. 충만함.

> 각기 자루를 쏟고 본즉 각 사람의 돈뭉치가 그 자루 속에 있는지라 그들과 그들의 아버지가 돈뭉치를 보고 다 두려워하더니 창 42:35
> 사람이 일어나서 내 주를 쫓아 내 주의 생명을 찾을지라도 내 주의 생명은 내 주의 하나님 여호와와 함께 생명 싸개 속에 싸였을 것이요 내 주의 원수들의 생명은 물매로 던지듯 여호와께서 그것을 던지시리이다 삼상 25:29

| **돌:** 예수 그리스도-모퉁이 돌. 견고하고 튼튼한 기초. 하나님의 말씀. 도전.
| **동굴:** 안전하게 숨는 장소. 하나님을 만나는 비밀스런 장소.
| **동쪽:** 하나님의 영광-해가 돋음. 동쪽 바람은 심판과 역경을 부름.
| **돼지:** 불결한 영. 종교의 영. 자신의 사고방식에 갇혀 있음. 신뢰할 수 없는 허위. 이기적인, 위선적인.
| **두 손을 들다:** 완전한 항복. 하나님을 경배함.
| **둥근(모양):** 끝이 없는. 은총, 사랑 혹은 자비.
| **둥근, 반지/원:** 끝이 없는 어떤 것. 동의나 언약에 대한 상징. 만약 원을 만든다면 사냥. 우주와 관련된.

> 그는 땅 위 궁창에 앉으시나니 땅에 사는 사람들은 메뚜기 같으니라 그가 하늘을 차일 같이 펴셨으며 거주할 천막 같이 치셨고
>
> 사 40:22

| **둥지:** 하나님의 안식의 장소.
| **뒤:** 과거에 속한. 뒤쪽의 어떤 것 혹은 숨겨진 것. 시야 밖의 것. 숨겨진 일.

> 여호와여 내게 응답하옵소서 내게 응답하옵소서 이 백성에게 주 여호와는 하나님이신 것과 주는 그들의 마음을 되돌이키심을 알게 하

옵소서 하매 **왕상 18:37**
밭에 있는 자는 겉옷을 가지러 뒤로 돌이키지 말지어다 **막 13:16**
예수께서 이르시되 손에 쟁기를 잡고 뒤를 돌아보는 자는 하나님의 나라에 합당하지 아니하니라 하시니라 **눅 9:62**

| **뒤로 운전함:** 기름부음과 함께 옳은 방향으로 가지 않음.
| **뒤쫓아 옴:** 도망의 원인. 무엇을 제거함. 추구하는 것. 무엇을 뒤따라감.
| **들판:** 삶의 상황. 해야 할 일과 성취해야 할 일들(들판과 내용에 따라 적용).

비를 땅에 내리시고 물을 밭에 보내시며 **욥 5:10**

| **등불:** 빛의 근원. 사람 혹은 영의 내면적 부분. 성령님.
| **딸:** 하나님의 선물, 은사, 영적으로는 당신의 자녀와 같음. 실제적인 딸 혹은 그와 유사한 자질을 지닌 어떤 사람.
| **땀을 흘림:** 육신의 극심한 일에 대한 상징. 성령님이 없이 과도하게 하는 일. 힘들고 괴로운 시기.
| **뗏목:** 목적이나 방향이 없는.
| **똥:** 당신의 성격 중에 드러난 부분. 뒷면 혹은 과거.
| **띠:** 사용하기 위해 준비함. 강한 효능. 준비를 갖추는 것을 강화시킴. 자신 안에 있는 힘을 모으는 것.

ㄹ

- **라디오:** 소식에 대한 계속적인 방송. 뉘앙스. 예언적인 발언. 복음을 가르침.
- **레몬:** 일이 못쓰게 된 것. 가혹한 교리.
- **레슬링:** 영적 혹은 현실에서 무엇과 갈등함. 전쟁하기 위한. 인내. 싸우다, 몸부림치다.
- **로켓:** 큰 능력을 가진 사람이나 사역. 영의 깊은 것들을 위한 가능성. 신속한 출발과 빠른 속도가 가능함.
- **롤러스케이트:** 하나님과의 숙련된 동행. 신속한 진행. 빠르나 위험성이 있는.
- **롤러코스터:** 위 아래로 움직이는 어떤 것. 계절 혹은 감정의 변동. 더 많은 믿음을 필요로 함.
- **르워야단(용):** 사단적인 본성의 조상 영. 제거하기 힘듦. 오직 하나님께서만 다루실 수 있는 것.
- **리무진:** 하나님의 부르심. 교만 혹은 과시.

| **마법사:** 반항의 영. 복종치 않음. 조종하는 사람. 조종의 영.

> 이는 거역하는 것은 점치는 죄와 같고 완고한 것은 사신 우상에게 절하는 죄와 같음이라 왕이 여호와의 말씀을 버렸으므로 여호와께서도 왕을 버려 왕이 되지 못하게 하셨나이다 하니 **삼상 15:23**

| **마시는 차:** 안식의 장소나 때. 휴식 혹은 하나님의 은혜. 달램.
| **마이크:** 하나님의 말씀의 확대. 설교함. 예언적 사역. 많은 사람들에게 영향력을 미치는 능력.
| **막대기:** 지팡이 혹은 권위의 홀. 망을 보다. 훈련.

> 채찍과 꾸지람이 지혜를 주거늘 임의로 행하게 버려 둔 자식은 어미를 욕되게 하느니라 **잠 29:15**
> 내가 사망의 음침한 골짜기로 다닐지라도 해를 두려워하지 않을 것

은 주께서 나와 함께 하심이라 주의 지팡이와 막대기가 나를 안위하시나이다 시 23:4

| 만나: 하나님의 기적적인 공급. 하나님께로부터 직접적으로 옴. 하나님의 영광. 생명의 떡.
| 말: 강력한 힘. 전쟁에서 강한. 끈기의 영. 두 마음이 아닌. 강력하고 유능한 사역. 온유함과 같은 조절된 힘. 하나님의 심판.

- **갈색 말:** 회개한, 중생한.
- **노란색 말:** 하나님으로부터의 은사 혹은 비겁함. 두려움.
- **발을 차는 말:** 합의한 사항에 대한 협박 혹은 대적.
- **보라색 말:** 충성과 관계된 어떤 것. 숭고한 성품. 부유함.
- **분홍색 말:** 육체의. 욕망에 따라 마음대로 내린 결정.
- **붉은색 말:** 위험. 열정. 예수님의 보혈.
- **적갈색 말:** 능력, 불.
- **주황색 말:** 위험, 악.
- **창백한 말:** 죽음의 영
- **초록색 말:** 삶, 죽어야 할.
- **푸른색 말:** 영적인.
- **회색 말:** 흑과 백의 중간. 애매모호함. 오리무중.
- **흑색 말:** 결핍.
- **흰색 말:** 순결 혹은 의로움.

| **말굴레:** 혀의 사용을 스스로 조심하는 것과 같이 조절하는 것. 좋거나 나쁘거나 효과적으로 조정하기 위해 권세로부터 강요되는 어떤 것.

> 말에게는 채찍이요 나귀에게는 재갈이요 미련한 자의 등에는 막대기니라 잠 26:3
> 누구든지 스스로 경건하다 생각하며 자기 혀를 재갈 물리지 아니하고 자기 마음을 속이면 이 사람의 경건은 헛것이라 약 1:26
> 내가 말하기를 나의 행위를 조심하여 내 혀로 범죄하지 아니하리니 악인이 내 앞에 있을 때에 내가 내 입에 재갈을 먹이리라 하였도다 시 39:1
> 왕이여 이것이 왕에게 징조가 되리니 올해는 스스로 난 것을 먹을 것이요 둘째 해에는 또 거기에서 난 것을 먹을 것이요 셋째 해에는 심고 거두며 포도나무를 심고 그 열매를 먹을 것이니이다 사 37:29

| **말하기:** 당신의 마음에 있는 것을 드러냄. 선포.
| **맛을 봄:** 좋거나 나쁜 어떤 것을 경험하다. 어떤 것을 판단하기. 어떤 것을 시도하다.
| **망원경:** 앞을 바라봄. 미래를 내다 봄. 예언적 사역.
| **망원경:** 장래를 내다보거나 계획함. 문제를 실제보다 더 크고 가깝게 보이게 하다.
| **망치:** 살아있는 말씀. 강하고 빠르게 말씀을 전함. 어떤 것을 산

산조각 낼 수 있는. 금속이나 바위같은 단단한 것들을 부드럽게 하는 어떤 것. 세우기 위함.

> 목공은 금장색을 격려하며 망치로 고르게 하는 자는 메질꾼을 격려하며 이르되 땜질이 잘 된다 하니 그가 못을 단단히 박아 우상을 흔들리지 아니하게 하는도다 사 41:7
> 여호와의 말씀이니라 내 말이 불 같지 아니하냐 바위를 쳐서 부스러뜨리는 방망이 같지 아니하냐 렘 23:29

| **매장되다:** 어떤 것의 영구적인 종말.

> 그러므로 우리가 그의 죽으심과 합하여 세례를 받음으로 그와 함께 장사되었나니 이는 아버지의 영광으로 말미암아 그리스도를 죽은 자 가운데서 살리심과 같이 우리로 또한 새 생명 가운데서 행하게 하려 함이라 롬 6:4
> 너희가 세례로 그리스도와 함께 장사되고 또 죽은 자들 가운데서 그를 일으키신 하나님의 역사를 믿음으로 말미암아 그 안에서 함께 일으키심을 받았느니라 골 2:12

| **매춘부/창녀:** 유혹의 상황. 당신의 육체에 호소하는 어떤 것. 세속적인 욕망. 다시 살아나려고 하는 기독교인이 되기 이전의 습관. 꾐.

| **매형, 처남:** 형제와 같으나 특별한 의무 아래 있는 사람. 깊은 사랑을 나누지 않는 영적 형제. 다른 교회의 성도. 실제의 매형이나 처남 혹은 같은 특성을 지닌 어떤 사람.
| **머리:** 주권, 권위. 예수님/하나님. 남편. 주인/상사. 목사. 마음. 생각들.

- **머리에 기름부음 받음:** 하나님의 사역을 위해 구별됨.
- **머리에 손을 얹음:** 슬픔의 상징.

| **먹기:** 하나님의 말씀 혹은 악한 어떤 것을 먹고 살아감. 묵상과 더욱 큰 이해를 얻음.
| **먼지:** 인간성의 일시적인 성향. 인간의 나약함. 저주. 수많은. 수치.

> 여호와 하나님이 땅의 흙으로 사람을 지으시고 생기를 그 코에 불어넣으시니 사람이 생령이 되니라 **창 2:7**
> 네 자손이 땅의 티끌 같이 되어 네가 서쪽과 동쪽과 북쪽과 남쪽으로 퍼져나갈지며 땅의 모든 족속이 너와 네 자손으로 말미암아 복을 받으리라 **창 28:14**
> 너는 티끌을 털어 버릴지어다 예루살렘이여 일어나 앉을지어다 사로잡힌 딸 시온이여 네 목의 줄을 스스로 풀지어다 **사 52:2**

| **멍에:** 속박. 어떤 것에 묶임, 대개의 경우 악한 것에 묶임. 때로

좋은 것에 묶임.

| **메뚜기/매미:** 파괴적인 상황. 하나님의 심판의 도구. 낮은 자존감.

| **메아리:** 말씀이 되돌아 옴. 삶에 대항하는 말씀의 범주를 드러냄. 반향(反響).

| **모래:** 육신의 일에 대한 상징. 부적합한 기반. 무수한. 씨앗들. 약속들.

> 주께서 말씀하시기를 내가 반드시 네게 은혜를 베풀어 네 씨로 바다의 셀 수 없는 모래와 같이 많게 하리라 하셨나이다 **창 32:12**
> 나의 이 말을 듣고 행하지 아니하는 자는 그 집을 모래 위에 지은 어리석은 사람 같으리니 **마 7:26**

| **모르는 사람:** 하나님으로부터 혹은 악령으로부터의 영적 메신저. 예수님.

| **모르는 여자:** 하나님 혹은 사단으로부터의 메신저. 천사 혹은 마귀의 영. 유혹의 영.

| **모자:** 덮개. 보호. 겉옷. 왕관. 머리를 보호함.

| **모터, 엔진, 배터리:** 능력과 기름부음의 근원.

| **모터사이클:** 성령 충만한 개인 사역. 고독한 사람. 교만하게 보이거나 혹은 과시함.

| **목:** 완고한. 강한 의지.

- **뻣뻣한 목:** 반항적인.

┃**목수:** 예수님. 무엇을 만들거나 수선하는 사람. 설교자.
┃**목욕실:** 정결케 하는 시기. 회개의 때로 들어섬. 자발적인 노출의 장소. 개인의 삶에서 실제를 직면함.
┃**목욕하기:** 깨끗하지 않거나 거룩하지 못한 태도에 대하여 외면 혹은 외면적으로 행하는 일. 외면적 회개.
┃**목자:** 예수 그리스도, 하나님. 선하거나 악한 지도자. 양에서 염소를 구별할 수 있는 능력. 이기심이 없는 사람.

> 그가 요셉을 위하여 축복하여 이르되 내 조부 아브라함과 아버지 이삭이 섬기던 하나님, 나의 출생으로부터 지금까지 나를 기르신 하나님 창 48:15
>
> 나는 선한 목자라 선한 목자는 양들을 위하여 목숨을 버리거니와 요 10:11
>
> 이스라엘 자손과 더불어 다니는 모든 곳에서 내가 내 백성 이스라엘을 먹이라고 명령한 이스라엘 어느 지파들 가운데 하나에게 내가 말하기를 너희가 어찌하여 나를 위하여 백향목 집을 건축하지 아니하였느냐고 말하였느냐 삼하 7:7

┃**묘지/무덤:** 오래된 전통. 문화적 보존. 죽음. 과거로부터의 마귀적인 영향력. 사장된 가능성.

스올 같이 그들을 산 채로 삼키며 무덤에 내려가는 자들 같이 통으로 삼키자 **잠 1:12**

네 영화가 스올에 떨어졌음이여 네 비파 소리까지로다 구더기가 네 아래에 깔림이여 지렁이가 너를 덮었도다 **사 14:11**

예수의 부활 후에 그들이 무덤에서 나와서 거룩한 성에 들어가 많은 사람에게 보이니라 **마 27:53**

| 무게: 큰 책임. 짐 혹은 부담감.
| 무기: 공격들에 대항하여 보호하는 영적 보호. 신적 보호. 하나님의 진리.

끝으로 너희가 주 안에서와 그 힘의 능력으로 강건하여지고 마귀의 간계를 능히 대적하기 위하여 하나님의 전신 갑주를 입으라 **엡 6:10-11**

| 무릎: 존경. 기도생활의 충만. 복종.
| 무릎 꿇음: 항복. 기도하는. 순종의 미덕.
| 무지개: 하나님의 언약의 상징. 실제적인 합의의 징조.
| 문: 시작. 예수 그리스도. 길. 가능성. 은혜. 예수님과 관련된 어떤 것.

여호와여 내 입에 파수꾼을 세우시고 내 입술의 문을 지키소서
시 141:3

그러므로 예수께서 다시 이르시되 내가 진실로 진실로 너희에게 말하노니 나는 양의 문이라 나보다 먼저 온 자는 다 절도요 강도니 양들이 듣지 아니하였느니라 내가 문이니 누구든지 나로 말미암아 들어가면 구원을 받고 또는 들어가며 나오며 꼴을 얻으리라 요 10:7-9

이 일 후에 내가 보니 하늘에 열린 문이 있는데 내가 들은 바 처음에 내게 말하던 나팔 소리 같은 그 음성이 이르되 이리로 올라오라 이 후에 마땅히 일어날 일들을 내가 네게 보이리라 하시더라 계 4:1

| **물고기:** 주님께 새로 회심한 자. 새롭게 재창조된 인간의 영. 기적적인 양식의 공급.

예수께서 이르시되 나를 따라오라 내가 너희로 사람을 낚는 어부가 되게 하리라 하시니 막 1:17

| **물들:** 성령의 움직임. 성령님. 세상 나라들.

- **거친 물:** 치유의 연못. 괴로운 마음.
- **고여 있는 물:** 불안정성.
- **식용 분수대:** 사람 안에 솟아나는 하나님의 성령. 구원. 다가오는 부흥. 소생의 시간.
- **흙탕물 혹은 오염된 물:** 부패된 영의 움직임. 죄. 거짓 교리.

| **물에 빠짐:** 우울함으로 이끄는 상황에 의해 제압됨. 자기연민에 이르기까지 압도됨.

| **물을 마심:** 좋거나 나쁜 것을 영적 영역으로부터 받음. 자신의 삶의 몫을 받음. 자신의 십자가를 짊.

| **미소 짓다:** 우정의 상징. 유혹하는 과정.

| **미소:** 친절함의 상징. 친절의 행위. 동의하다.

| **미용실:** 외형을 강조한 준비의 장소. 허영심으로 치우치는 경향.

| **민속의상:** 열방을 향한 소명.

| **바느질:** 어떤 것을 함께 모음. 수선. 연합. 상담.
| **바다:** 거대한 수의 사람들. 열방. 바닷물의 흔적처럼 불안정한. 열방에 미치는 어떤 것. 거대한 장애물.

> 큰 짐승 넷이 바다에서 나왔는데 그 모양이 각각 다르더라 **단 7:3**

| **바람이 불어옴:** 대개의 경우 성령의 좋은 운동이지만 악령일 수도 있음. 신속히 사라짐. 안정되지 못한. 이해하기 어려움.
| **바위:** 예수 그리스도. 견고한 기반. 장애물. 도피의 장소. 거치는 돌.

> 다 같은 신령한 음료를 마셨으니 이는 그들을 따르는 신령한 반석으로부터 마셨으매 그 반석은 곧 그리스도시라 **고전 10:4**
> 그는 반석이시니 그가 하신 일이 완전하고 그의 모든 길이 정의롭

고 진실하고 거짓이 없으신 하나님이시니 공의로우시고 바르시도
다 신 32:4

| **바퀴:** 삶의 주기에 속한. 오래 견딤. 지속적인.
| **바퀴벌레:** 불결한. 죄를 유발시키고 죄 안에서 번성할 수 있는 어떤 것.
| **박쥐:** 흑암의 생물. 마법과 관계된 사단적 도구. 마법에 관련된. 밤의 생물. 삶의 어두운 면과 관계된 것을 표현.
| **반지:** 결코 끝나지 않음. 불변. 끊어지지 않는. 한 장소 안에서 같은 목적으로 연합함. 언약의 관계. 하나님의 권세에 관계됨.

- **결혼반지:** 우리와 하나님과의 언약의 상징. 남자와 여자와의 결혼.
- **약혼반지:** 약속. 헌신의 징표.
- **장식품으로서의 반지:** 허영심. 세속성.

| **발:** 영적 걸음. 마음 자세.

- **길게 자란 발톱:** 주의 부족. 적절한 질서 안에 있지 않음.
- **맨발:** 하나님의 임재 앞에 겸손함.
- **발을 씻음:** 겸손. 그리스도인의 의무.
- **병든 발:** 반역의 영.

- **절뚝거림:** 부정적인 묶임이나 고정된 마음과 불신으로 인하여 장애를 입음.
- **차는 발:** 권위 아래 있지 않음. 혹은 권위에 대항하는.

| **발뒤꿈치:** 짓밟는 능력.
| **발목:** 적은 믿음, 초기 단계들.

> 그 사람이 손에 줄을 잡고 동쪽으로 나아가며 천 척을 측량한 후에 내게 그 물을 건너게 하시니 물이 발목에 오르더니 **겔 47:3**

| **밤:** 시험 혹은 어려움의 시간. 하나님의 빛 혹은 이해의 부족. 성령과 관련이 없는.
| **밧줄/줄:** 묶는 것에 사용되는 어떤 것. 언약 안에 있는 것, 혹은 묶여 있는 것.
| **방패:** 보호하는 것. 하나님의 진리. 하나님께 대한 믿음.

> 이 후에 여호와의 말씀이 환상 중에 아브람에게 임하여 이르시되 아브람아 두려워하지 말라 나는 네 방패요 너의 지극히 큰 상급이니라 **창 15:1**
>
> 모든 것 위에 믿음의 방패를 가지고 이로써 능히 악한 자의 모든 불화살을 소멸하고 **엡 6:16**
>
> 여호와는 나의 힘과 나의 방패이시니 내 마음이 그를 의지하여 도

움을 얻었도다 그러므로 내 마음이 크게 기뻐하며 내 노래로 그를 찬송하리로다 시 28:7

| **배:** 많은 수의 사람들에게 영향을 미치는 큰 사역.

- **가라앉는 배:** 하나님의 목적에서 벗어난. 영적 조정을 잃음.
- **군함:** 효과적인 영적 전쟁을 위함.
- **빠르게 가고 있는 배:** 큰 능력 안에서 운행함.
- **육지에 정박해 있는 배:** 영의 움직임이 없는. 육신의 일로 더 많이 사역함(만약 마른 땅에서 움직이고 있다면 기적을 의미함).
- **작은 배:** 작은 범위 혹은 개인적인.
- **큰 배:** 영향력의 범위가 큼.
- **파선:** 사역의 끝 혹은 한 단계의 끝.

| **뱀(serpent):** 사탄의 상징. 세상의 왕국. 저주 받은 것 혹은 교활함.

- **독사:** 험담이나 핍박.
- **방울뱀:** 꿈꾸는 자를 향한 악한 말들.
- **뱀의 송곳니:** 꿈꾸는 자를 향한 위험한 의도들.
- **비단구렁이:** 점치는 영.
- **아나콘다(거대한 구렁이):** 희생자로부터 호흡(영적 생명)을 쥐어 짜내어 죽임.

- **장대나 막대기에 매달린 뱀:** 십자가에 달리신 예수님의 표상.
- **코브라:** 독이 가득한. 장거리까지 독을 퍼뜨릴 수 있는. 멀리 퍼지는 악한 말.

| **뱀(snake):** 후욕, 점침, 거짓 고소들, 거짓 예언들. 중상모략. 긴 이야기.
| **버스:** 큰 사역.

- **학교 버스:** 가르치는 사역.

| **버터:** 위로하는, 부드러운 말들을 가져오는 어떤 것. 격려.

> 그가 악을 버리며 선을 택할 줄 알 때가 되면 엉긴 젖과 꿀을 먹을 것이라 사 7:15
> 그의 입은 우유 기름보다 미끄러우나 그의 마음은 전쟁이요 그의 말은 기름보다 유하나 실상은 뽑힌 칼이로다 시 55:21

| **번개:** 하나님의 음성, 사람의 주의를 끌기 위해 행동하시는 주님의 간섭하심. 어떤 것이 매우 신속하게 발생함.
| **번쩍이는 빛:** 계시나 영감.
| **벌들:** 공격적인 소음을 만들어내는 것. 효율성보다 잡음이 더 많음. 잘못되어 가거나 혹은 달콤함과 같이 좋은 일이 생길 수 있는

양면적인 상황. 쏘는 말. 험담.

얼마 후에 삼손이 그 여자를 맞이하려고 다시 가다가 돌이켜 그 사자의 주검을 본즉 사자의 몸에 벌 떼와 꿀이 있는지라 **삿 14:8**

| **벌레:** 종종 은밀히 당신을 내면으로부터 먹어 들어가는 어떤 것. 표면상 분명하지 않음. 질병, 더러움.
| **법원:** 심판을 받거나 핍박을 받는 시기, 시련.
| **베다:** 추수. 좋거나 나쁜 노력에 대한 보상.
| **베일:** 숨기다. 영광 혹은 죄를 숨김. 기만하다. 진리를 보지 못함. 이해의 부족.

오늘까지 모세의 글을 읽을 때에 수건이 그 마음을 덮었도다 그러나 언제든지 주께로 돌아가면 그 수건이 벗겨지리라 **고후 3:15-16**
만일 우리의 복음이 가리었으면 망하는 자들에게 가리어진 것이라 **고후 4:3**

| **벼룩:** 풍족치 못함. 불편함. 희박함.
| **벽:** 장애물, 장벽, 방어, 제한. 거대한 방해. 영적 신호들이 나타나는 시야를 가림.
| **벽돌:** 오래 견디도록 고안된. 인공적인 어떤 것. 인격 형성.

서로 말하되 자, 벽돌을 만들어 견고히 굽자 하고 이에 벽돌로 돌을 대신하며 역청으로 진흙을 대신하고 창 11:3

벽돌이 무너졌으나 우리는 다듬은 돌로 쌓고 뽕나무들이 찍혔으나 우리는 백향목으로 그것을 대신하리라 하는도다 사 9:10

곧 동산에서 제사하며 벽돌 위에서 분향하여 내 앞에서 항상 내 노를 일으키는 백성이라 사 65:3

| **벽장:** 숨겨진, 기밀의, 개인적인, 배타적인, 기도의 장소. 하나님과의 교제의 장소.

백성을 모아 그 모임을 거룩하게 하고 장로들을 모으며 어린이와 젖 먹는 자를 모으며 신랑을 그 방에서 나오게 하며 신부도 그 신방에서 나오게 하고 욜 2:16

너는 기도할 때에 네 골방에 들어가 문을 닫고 은밀한 중에 계신 네 아버지께 기도하라 은밀한 중에 보시는 네 아버지께서 갚으시리라 마 6:6

이러므로 너희가 어두운 데서 말한 모든 것이 광명한 데서 들리고 너희가 골방에서 귀에 대고 말한 것이 지붕 위에서 전파되리라 눅 12:3

| **변호사:** 예수 그리스도. 형제의 참소자. 율법주의에 속함. 중간자.

| **별들:** 중요한 성격. 거대한 수. 후손. 초자연적인 것. 예수 그리스도.

- **별똥별:** 배교한 교회.

| **병(bottle):** 기름부음의 그릇으로서 몸과 관계된 어떤 것.
| **병사:** 영적 전쟁. 더 많은 기도와 금식과 경배를 위한 부르심. 시련이나 핍박의 기간.
| **병원:** 치유의 은사/기름 부으심 혹은 보호나 사랑. 다른 사람들을 격려함.
| **보라색:** 왕위에 관계된. 왕의 기름부음 혹은 권세.

> 두아디라 시에 있는 자색 옷감 장사로서 하나님을 섬기는 루디아라 하는 한 여자가 말을 듣고 있을 때 주께서 그 마음을 열어 바울의 말을 따르게 하신지라 **행 16:14**

| **보석:** 가치 있는 소유물. 하나님의 백성. 주님께로부터 능력 받은 은사자. 꿈 꾼 자가 소중히 여기는 어떤 사람 혹은 어떤 것.
| **보좌:** 능력의 자리. 권세의 장소. 하나님의 보좌. 악한 보좌.

> 내가 곧 성령에 감동되었더니 보라 하늘에 보좌를 베풀었고 그 보좌 위에 앉으신 이가 있는데 앉으신 이의 모양이 벽옥과 홍보석 같고 또 무지개가 있어 보좌에 둘렸는데 그 모양이 녹보석 같더라
> **계 4:2-3**

| **보트:** 많은 사람에게 영향을 줄 가능성이 있는 사역.
| **복부:** 느낌, 욕망, 영적 평안, 감성.
| **부검:** 일어난 일에 대한 조사. 간증함.
| **부서짐:** 힘, 권세 혹은 영향력의 상실. 열린. 상처 입은 심령.

> 자기의 마음을 제어하지 아니하는 자는 성읍이 무너지고 성벽이 없는 것과 같으니라 잠 25:28
>
> 그 잃어버린 자를 내가 찾으며 쫓기는 자를 내가 돌아오게 하며 상한 자를 내가 싸매 주며 병든 자를 내가 강하게 하려니와 살진 자와 강한 자는 내가 없애고 정의대로 그것들을 먹이리라 겔 34:16

| **부엌:** 영의 양식을 준비하는 장소. 하나님의 말씀에 대한 배고픔.
| **북쪽:** 다가올 거대한 세력을 말함.
| **분홍색:** 육체의 혹은 자연적인 욕망. 하나님의 것들을 위해 큰 열정을 보이지 않음.
| **불:** 하나님의 임재. 시험, 핍박, 불타는 열정, 감정, 갈망. 간절히 원하여 아픈. 능력. 성령님. 분노 혹은 심판/징벌. 불의 혀와는 매우 다른 불못.

> 여호와께서 하늘 곧 여호와께로부터 유황과 불을 소돔과 고모라에 비같이 내리사 창 19:24

| **불임:** 비생산성. 어려운 시기나 기간.
| **불타는:** 소멸하다. 열을 가하거나 없애다. 불을 지르다. 불꽃을 피우다. 열성의 징조.

> 여호와께서 들으시기에 백성이 악한 말로 원망하매 여호와께서 들으시고 진노하사 여호와의 불이 그들 중에 붙여서 진영 끝을 사르게 하시매 민 11:1
>
> 네 원수와 함께 네가 알지 못하는 땅에 이르게 하리니 이는 나의 진노의 맹렬한 불이 너희를 사르려 함이라 렘 15:14
>
> 너는 또 이스라엘 자손에게 명령하여 감람으로 짠 순수한 기름을 등불을 위하여 네게로 가져오게 하고 끊이지 않게 등불을 켜되 출 27:20

| **비:** 축복, 하나님의 말씀. 성령님의 쏟아 부으심. 방해, 시련 혹은 실망.

- **가뭄:** 축복의 결여, 하나님의 임재의 부재.

| **비가 내림:** 하나님의 축복, 시험하는 시기 혹은 시련.
| **비누:** 깨끗하게 만드는 어떤 것. 용서. 다른 사람들을 위해 중보함.
| **빗자루:** 죄를 없이 하는 과정이나 수단. 주술의 상징.

| **빛:** 확립된 진리를 비추는 조명. 더 이상 숨겨지지 않음. 드러내서 보여주기.

- **빛의 결여:** 이해의 부족. 하나님의 부재.
- **작은 등불 혹은 손전등:** 말씀의 부분적인 기반에서 걸어감.
- **희미한 빛:** 말씀의 지식의 충만함이 필요함을 보여줌.

| **빨간색:** 열정. 예수님의 보혈. 강한 느낌, 위험, 분노. 증오의 감정과 피로 더럽혀진. 예수님. 열망, 열심.
| **빵 만드는 사람:** 어떤 것을 선동하거나 시작하는 사람.
| **빵 만들기:** 사람들을 먹이기 위하여 식량을 준비함. 복지 사역을 준비함. 하나님의 공급.
| **빵(떡):** 예수 그리스도, 생명의 떡. 하나님의 말씀. 영양분의 근원, 하나님의 공급.

> 그 여인이 모압 지방에서 여호와께서 자기 백성을 돌보시사 그들에게 양식을 주셨다 함을 듣고 이에 두 며느리와 함께 일어나 모압 지방에서 돌아오려 하여 **룻 1:6**
>
> 자기가 하늘에서 내려온 떡이라 하시므로 유대인들이 예수에 대하여 수군거려 **요 6:41**
>
> 사람이 자기를 살피고 그 후에야 이 떡을 먹고 이 잔을 마실지니
>
> 고전 11:28

> 오늘 우리에게 일용할 양식을 주시옵고 마 6:11

- **곰팡이 빵:** 새롭지 않은 어떤 것, 불결한.
- **누룩을 넣지 않은 빵:** 죄가 없음을 보이는 것.
- **막 쪄낸 빵:** 하나님으로부터의 신선한 말씀.

| **뺨:** 상처입기 쉬운 부분. 아름다움.
| **뼈들:** 어떤 것의 본질. 주된 요소. 오래 지속되는.

- **해골:** 육이나 본질이 없는 어떤 것. 세부사항이 없는 어떤 것.

| **뿌리:** 어떤 것의 근본. 어떤 것의 근원. 좋거나 나쁜 문제의 핵심. 동기.

> 이새의 줄기에서 한 싹이 나며 그 뿌리에서 한 가지가 나서 결실할 것이요 사 11:1
> 그들이 아침에 지나갈 때에 무화과나무가 뿌리째 마른 것을 보고 막 11:20

| **뿔들:** 기름부음 받은 능력의 근원. 왕의 권세.

| **사과:** 영적 열매, 유혹. 하나님의 눈동자 같이 귀한 어떤 것.

> 여자가 그 나무를 본즉 먹음직도 하고 보암직도 하고 지혜롭게 할 만큼 탐스럽기도 한 나무인지라 여자가 그 열매를 따먹고 자기와 함께 있는 남편에게도 주매 그도 먹은지라 **창 3:6**
> 여호와께서 그를 황무지에서, 짐승이 부르짖는 광야에서 만나시고 호위하시며 보호하시며 자기의 눈동자 같이 지키셨도다 **신 32:10**
> 만군의 여호와께서 이같이 말씀하시되 영광을 위하여 나를 너희를 노략한 여러 나라로 보내셨나니 너희를 범하는 자는 그의 눈동자를 범하는 것이라 **슥 2:8**

| **사다리:** 영적인 자리에서 변화의 수단. 속박으로부터의 도피의 방편.

| **사막:** 훈련, 결핍 혹은 시험. 하나님을 의존하는 장소.

| **사슴:** 영적 갈망. 하나님의 것에 대한 배고픔의 상징. 크게 도약할 수 있는 가능성. 은혜. 신적인 권능을 부여하는.

> 하나님이여 사슴이 시냇물을 찾기에 갈급함 같이 내 영혼이 주를 찾기에 갈급하니이다 내 영혼이 하나님 곧 살아 계시는 하나님을 갈망하나니 내가 어느 때에 나아가서 하나님의 얼굴을 뵈올까 시 42:1-2
> 그는 사랑스러운 암사슴 같고 아름다운 암노루 같으니 너는 그의 품을 항상 족하게 여기며 그의 사랑을 항상 연모하라 잠 5:19
> 주 여호와는 나의 힘이시라 나의 발을 사슴과 같게 하사 나를 나의 높은 곳으로 다니게 하시리로다 이 노래는 지휘하는 사람을 위하여 내 수금에 맞춘 것이니라 합 3:19

| **사자:** (대부분의 경우) 예수님의 정복하시는 본성. 좋거나 나쁘거나 강력한 영.
| **산:** 좋거나 나쁜 거대한 힘과 능력. 하나님 혹은 하나님의 영광과의 만남이나 계시의 장소. 장애물, 어려움.
| **산울타리:** 하나님의 안전장치, 경비, 안전. 문자적으로 해석하면 잠금 장치가 없는 열린 돌담. 보호. 초자연적이거나 혹은 예언적인 보호. 하나님께서 그분의 백성을 둘러 진치심. 극도로 가난한 자가 찾은 피난처.

주께서 어찌하여 그 담을 허시사 길을 지나가는 모든 이들이 그것을 따게 하셨나이까 시 80:12

예수께서 비유로 그들에게 말씀하시되 한 사람이 포도원을 만들어 산울타리로 두르고 즙 짜는 틀을 만들고 망대를 지어서 농부들에게 세로 주고 타국에 갔더니 막 12:1

| **삽:** 어떤 것을 파냄. 누군가를 파멸시킴.
| **새:** 좋거나 나쁘거나 각기 다른 단계에 있는 지도자를 상징. 권세의 대리인.

- **깃털들:** 보호하는 덮개. 영 안에서 움직이거나 날아가기 위한 방패나 도구.
- **까마귀:** 불결한 영의 상징.
- **날개들:** 보호처. 하나님의 임재. 안전성. 위험으로부터의 도피를 공급해주는 어떤 것.
- **대머리 독수리:** 악령, 기회주의자. 밤에 활동하거나 "죽은 것들"(인간의 약점들)을 먹는 어떤 것. 불결한 영. 고립주의자.
- **독수리:** 인간성의 상징 혹은 영 안에서 솟아오를 수 있는 가능성. 좋은 초점/신속함. 강력함. 하나님의 선지자. 미국.
- **부엉이:** 감시하는 악한 눈. 간사한 영.
- **비둘기:** 성령. 평화. 하늘로부터의 승인의 도장.
- **새 사냥꾼:** 함정을 놓는 사람이나 영. 새 사냥꾼의 덫.

- **참새:** 신적 공급과 양식. 우리에게 공급하고자 하시는 하나님의 바람을 상징.

| **새로운:** 새로운 조건.
| **새장, 우리:** 제한하는, 유동성의 한계. 부정적 의미로 포로가 됨. 긍정적 의미로 보호나 보살핌.

> 새장에 새들이 가득함 같이 너희 집들에 속임이 가득하도다 그러므로 너희가 번창하고 거부가 되어 렘 5:27

| **색칠하기:** 새로운 이미지를 창조함. 갱신 혹은 혁신.
| **생쥐:** 쓰레기(죄), 먹기 위해 남긴. 불결한 열정 혹은 그것에게 먹이를 주는 어떤 것.
| **서 있음:** 믿음의 견고함. 믿음에 헌신됨. 완성되지 않음.

- **똑바로 서 있음:** 왜곡됨이 없이 바른 방향에 있음.

| **서명:** 위임과 소유권 혹은 책임을 짊.
| **서명:** 특출함 혹은 명성.
| **선풍기:** 은사를 불 일 듯하게 함. 안도나 위로를 가져오는 어떤 것. 불을 가열시킴. 환기를 증가시킴.
| **설교자/목사**(제사장과 선지자)**:** 하나님을 대표하는 사람. 하나님으로

부터 온 때에 맞는 메시지. 영적 권세.
| **섬:** 섬과 관련된 어떤 것. 그 섬에 대하여 알려진 무엇 혹은 그 섬의 이름.
| **성만찬:** 예수님의 몸과 피. 혼인잔치. 하나님의 공급. 하나님의 가능케 하시는 능력.
| **성적인 만남:** 혼적인 욕망들.

- **오래된 연인과의 성적인 만남:** 예전의 삶을 갈망함.

| **성전(Sanctuary):** 신성한 장소. 영적인 헌금과 희생을 드리기 위해 구별된 장소. 면제 혹은 안식의 장소. 보호시설, 수용소.

> 너희는 내 안식일을 지키며 내 성소를 경외하라 나는 여호와이니라
> 레 26:2
> 우리가 여호와 앞에서 우리의 번제와 우리의 다른 제사와 우리의 화목제로 섬기는 것을 우리와 너희 사이와 우리의 후대 사이에 증거가 되게 할 뿐으로서 너희 자손들이 후일에 우리 자손들에게 이르기를 너희는 여호와께 받을 분깃이 없다 하지 못하게 하려 함이라 수 22:27

| **성전(Temple):** 하나님과의 만남의 장소. 도피의 장소. 하나님께서 거하시는 곳. 인간의 몸.

| **세례:** 육적인 것에서 영적인 것으로의 변화. 자아의 죽음과 새 사람의 표현.

> 요한이 요단 강 부근 각처에 와서 죄 사함을 받게 하는 회개의 세례를 전파하니 눅 3:3
> 그러므로 우리가 그의 죽으심과 합하여 세례를 받음으로 그와 함께 장사되었나니 이는 아버지의 영광으로 말미암아 그리스도를 죽은 자 가운데서 살리심과 같이 우리로 또한 새 생명 가운데서 행하게 하려 함이라 롬 6:4
> 너희가 세례로 그리스도와 함께 장사되고 또 죽은 자들 가운데서 그를 일으키신 하나님의 역사를 믿음으로 말미암아 그 안에서 함께 일으키심을 받았느니라 골 2:12

| **세숫대야:** 깨끗케 하는 수단. 기도와 중보.
| **세숫수건:** 정화 진행을 상승시키는.
| **소금:** 가치를 더해주는 어떤 것. 보존 시키는 것. 정결케 하는 것. 오래 유지시키는 어떤 것.

> 너희는 세상의 소금이니 소금이 만일 그 맛을 잃으면 무엇으로 짜게 하리요 후에는 아무 쓸 데 없어 다만 밖에 버려져 사람에게 밟힐 뿐이니라 마 5:13
> 너희 말을 항상 은혜 가운데서 소금으로 맛을 냄과 같이 하라 그리

하면 각 사람에게 마땅히 대답할 것을 알리라 **골 4:6**

| **소금물:** 맛을 더하는 것. 깨끗하게 하는 것.
| **소변보기:** 압박의 해소. 거부할 수 없는 충동 혹은 유혹. 회개.
| **소음:** 방해로 인한 짜증. 주의를 끄는 소리.
| **소파:** 쉼, 안식, 평안.
| **손:** 섬김의 방편. 힘을 표현하는 방편.

- **내 뻗은 손:** 항복.
- **손뼉을 침(박수):** 기쁨과 경배.
- **손으로 얼굴을 가림:** 죄책감 혹은 수치.
- **손을 들어 올림:** 항복 혹은 경배드림.
- **손을 떪:** 두려워하다, 두려움의 영. 근심. 하나님의 임재에 대한 놀라움.
- **손을 씻음:** 무죄의 선포. 자신을 분리시킴.
- **손을 잡음:** 동의.
- **악수:** 협정을 맺음.
- **오른손:** 충성의 서약. 능력의 방편. 존경의 표시. 자연적인 힘.
- **왼손:** 영적인 어떤 것.
- **주먹을 쥠:** 자신의 힘에 대한 자만, 분노.
- **허벅지 아래에 손을 넣음:** 맹세함.

| **손가락:** 분별의 수단, 영적 예민함-느낌들.

- **가운데 손가락:** 복음 전도자.
- **손가락질:** 비난, 박해. 지시, 안내.
- **엄지손가락:** 사도.
- **작은 손가락:** 목사.
- **주먹을 쥐다:** 교만.
- **집게손가락:** 선지자.
- **하나님의 손가락:** 하나님께서 행하시는 일. 하나님의 권세.

| **손님:** 영적 메신저. 천사 혹은 악한 존재.
| **손자/손녀:** 이전 세대로부터의 축복의 대물림. 지나간 세대로부터의 영의 전이. 좋거나 나쁜 가계의 유업. 유산. 당신의 사역에서의 영적 자녀.
| **손톱:** 보다 영구적인 어떤 것을 만듦. 예수님께서 우리의 죄들을 다루시는 방법.
| **송아지:** 어린 암소나 황소. 번영의 증가.
| **쇠사슬:** 속박이나 포로의 상징. 영의 세계에서나 자연 세계 안에서의 묶임.
| **쇼핑센터(시장터):** 다양한 영향력을 은사로 지닌 사역. 한 마음이 되는 것을 방해하는 선택의 문제를 지니고 있는 곳에 가게 됨. 다양한 원수의 전략들을 가르쳐 주는 것일 수도 있음.

| **수박:** 성령님이 지배하는 혼. 열매 맺음.
| **수염:** 권세 안에 있는 자들에 대한 존경.

- **다듬은 수염:** 제정신의
- **다듬지 않은 수염:** 광기, 미친 짓, 정신 나간.

| **수영장:** 교회. 성령 안에서 움직이는 것을 가능케 하는 장소나 공급.

- **더럽거나 물이 없는 수영장:** 부패 혹은 배교.

| **수영하기:** 성령의 은사 안에서 움직임. 예언적 발언.
| **수표:** 약속의 인장. 보장된 약속.
| **수혈:** 새 삶을 갖게 되기. 구조하는 상황.
| **술주정뱅이:** 위조된 기름부음에 의해서 영향 받음. 자가당착적인 실수. 절제할 수 없는 욕망.
| **숨 막히는:** 삼킬 수 있는 것보다 너무 많이 씹는. 너무 빠른. 잘못된 길에 너무 많이 빠짐.
| **숨결:** 사람의 영. 생명의 호흡. 생명의 신호. 회생.

> 여호와 하나님이 땅의 흙으로 사람을 지으시고 생기를 그 코에 불어넣으시니 사람이 생령이 되니라 **창 2:7**
> 그의 입김은 숯불을 지피며 그의 입은 불길을 뿜는구나 **욥 41:21**

> 대저 도벳은 이미 세워졌고 또 왕을 위하여 예비된 것이라 깊고 넓게 하였고 거기에 불과 많은 나무가 있은즉 여호와의 호흡이 유황 개천 같아서 이를 사르시리라 사 30:33
>
> 또 내게 이르시되 인자야 너는 생기를 향하여 대언하라 생기에게 대언하여 이르기를 주 여호와께서 이같이 말씀하시기를 생기야 사방에서부터 와서 이 죽음을 당한 자에게 불어서 살아나게 하라 하셨다 하라 겔 37:9

| **숫양:** 사단적 주술.
| **숲:** (내용에 따라서) 삶의 성장. 쉽게 길을 잃고 해를 입을 수 있는 위험과 암흑의 장소. 혼돈, 방향성의 상실. 개간하지 않은. 사람의 손길로 다듬어진 공원과는 다르게 자연적으로 재배된 나무들로 덮인 장소.

> 그 땅에서 사면으로 퍼져 싸웠으므로 그 날에 수풀에서 죽은 자가 칼에 죽은 자보다 많았더라 삼하 18:8

| **스키 타기:** 믿음의 걸음을 내딛음. 믿음의 힘. 하나님의 공급 안에서 순조롭게 타는 것. 신속하게 진행함.
| **승강기:** 신적 권위의 단계들 안에서 올라가고 내려감.
| **시계:** 상황 속에 시간이 중요함. 어떤 계시된 것을 행하는 시간. 성경 구절을 의미할 수 있음. 정해진 시간이 끝나가고 있음.

대저 여호와께서 깊이 잠들게 하는 영을 너희에게 부어 주사 너희의 눈을 감기셨음이니 그가 선지자들과 너희의 지도자인 선견자들을 덮으셨음이라 사 29:10

이 백성들의 마음이 완악하여져서 그 귀는 듣기에 둔하고 눈은 감았으니 이는 눈으로 보고 귀로 듣고 마음으로 깨달아 돌이켜 내게 고침을 받을까 두려워함이라 하였느니라 마 13:15

| **시계:** 주의를 기울여야 할 필요. 어떤 것을 위한 시간. 발생하려는 어떤 것을 지켜봄.
| **시골:** 평화와 고요의 시기. 개발되지 않은 잠재능력.
| **시냇물:** 하나님의 공급. 하나님으로부터의 신선함. 지혜 번영을 가져오는 어떤 것. 만일 물이 더러우면, 부패하거나 오염된 것을 의미함. 방어의 자원.

강들에서는 악취가 나겠고 애굽의 강물은 줄어들고 마르므로 갈대와 부들이 시들겠으며 사 19:6

너는 여기서 떠나 동쪽으로 가서 요단 앞 그릿 시냇가에 숨고 그 시냇물을 마시라 내가 까마귀들에게 명령하여 거기서 너를 먹이게 하리라 왕상 17:3-4

내 형제들은 개울과 같이 변덕스럽고 그들은 개울의 물살 같이 지나가누나 욥 6:15

| **시온:** 힘의 장소. 보호의 장소. 하나님의 왕국.

> 보라 나와 및 여호와께서 내게 주신 자녀들이 이스라엘 중에 징조와 예표가 되었나니 이는 시온 산에 계신 만군의 여호와께로 말미암은 것이니라 사 8:18
> 내가 전에는 그들의 피흘림 당한 것을 갚아 주지 아니하였거니와 이제는 갚아 주리니 이는 여호와께서 시온에 거하심이니라 욜 3:21
> 오직 시온 산에서 피할 자가 있으리니 그 산이 거룩할 것이요 야곱 족속은 자기 기업을 누릴 것이며 욥 1:17

| **식당(Restaurant):** 당신에게 필요한 영적 음식을 선택하는 장소. 오중사역이 가르쳐지는 장소.
| **식당(Dining room):** 하나님의 말씀을 먹임. 영적 양식의 장소. 주님의 식탁.
| **신것, 신맛:** 내면으로부터 발생하여 먹어들어 가고 있는 어떤 것. 성냄. 미움 혹은 악의를 간직함.

> 너희는 하나님의 은혜에 이르지 못하는 자가 없도록 하고 또 쓴 뿌리가 나서 괴롭게 하여 많은 사람이 이로 말미암아 더럽게 되지 않게 하며 히 12:15

| **신랑:** 그리스도. 혼인. 우두머리. 주권.

| **신맛:** 타락, 거짓.
| **신문:** 선언. 어떤 것을 공식화함. 예언적 발언.
| **신발들:** 복음을 전파하기 위한 준비. 하나님의 말씀의 지식.

> 평안의 복음의 예비한 것으로 신을 신고 엡 6:15

- **굽이 높은 신발:** 유혹/불편함.
- **눈신발:** 믿음. 영 안에서 걸음. 하나님의 말씀으로 지지 받는.
- **다른 사람의 신발을 벗겨 주다:** 존경을 표함.
- **발에 맞지 않는 신발:** 부르심 받지 않은 것 안에서 걸음.
- **부츠:** 영적 전쟁을 위해 무장된.
- **새신발:** 복음의 새로운 이해를 갖게 됨. 하나님으로부터의 새로운 위임명령.
- **슬리퍼:** 지나치게 편안한 혹은 지나치게 쉬고 있는.
- **신발을 나누어 줌:** 내용에 따라 다른 사람들을 무장시킴.
- **신발을 벗다:** 하나님을 존경함. 주님을 위해 사역함.
- **신발을 신다:** 영적 여정을 위해 준비하는.
- **신발이 필요함:** 하나님의 말씀 안에 거하지 않음. 평안 혹은 보호가 필요함.
- **테니스 신발:** 영적 은사, 삶의 레이스에서 경주함.

| **신부:** 교회의 예수님과의 관계. 예수님께 특별한. 언약 혹은 관계성.

네 눈을 들어 사방을 보라 그들이 다 모여 네게로 오느니라 나 여호와가 이르노라 내가 나의 삶으로 맹세하노니 네가 반드시 그 모든 무리를 장식처럼 몸에 차며 그것을 띠기를 신부처럼 할 것이라
사 49:18

신부를 취하는 자는 신랑이나 서서 신랑의 음성을 듣는 친구가 크게 기뻐하나니 나는 이러한 기쁨으로 충만하였노라 **요 3:29**

일곱 대접을 가지고 마지막 일곱 재앙을 담은 일곱 천사 중 하나가 나아와서 내게 말하여 이르되 이리 오라 내가 신부 곧 어린 양의 아내를 네게 보이리라 하고 **계 21:9**

| **실제 삶에서는 친숙한 환경(방향)에서 길을 잃음:** 내적 혼돈 혹은 꿈꾸는 자의 우유부단함을 가리킴.
| **심벌즈:** 하나님을 찬양하는 도구. 순전한 사랑 없이 사용될 수 있음.
| **싸움:** 무엇인가와 갈등하는, 고전분투하는, 전쟁하는 혹은 대항하는.

여호와여 나와 다투는 자와 다투시고 나와 싸우는 자와 싸우소서
시 35:1

믿음의 선한 싸움을 싸우라 영생을 취하라 이를 위하여 네가 부르심을 받았고 많은 증인 앞에서 선한 증언을 하였도다 **딤전 6:12**

전날에 너희가 빛을 받은 후에 고난의 큰 싸움을 견디어 낸 것을 생

각하라 히 10:32

| **쓰레기:** 버려진 것들. 부패. 사악한 혹은 불결한. 더러운 영들, 모든 경건한 것들로부터 떠남. 내다 버려진 어떤 것. 예수님이 없는 삶의 의견들.
| **쓸기:** 죄악된 것을 제거함. 어느 장소를 악으로부터 깨끗하게 함. 정결케 하는 과정. 회개. 교정하는 과정.
| **씨 뿌리기:** 좋거나 나쁘거나 장래에 대해 계획하기. 하나님의 말씀을 퍼뜨리기.
| **씨앗:** 하나님의 말씀. 약속. 좋거나 나쁘거나, 많이 증가하거나 더 위대하게 자랄 수 있게 하는 어떤 것.
| **씹다:** 묵상하다. 심사숙고하다. 잘라내다.
| **씻음:** 깨끗하게 함.

ㅇ

| 아기: 어떤 새로운 것의 시작, 생산적이 되기 시작함. 새신자. 유아기 혹은 초기 단계의 어떤 것.

> 갓난 아기들 같이 순전하고 신령한 젖을 사모하라 이는 그로 말미암아 너희로 구원에 이르도록 자라게 하려 함이라 **벧전 2:2**
>
> 형제들아 내가 신령한 자들을 대함과 같이 너희에게 말할 수 없어서 육신에 속한 자 곧 그리스도 안에서 어린 아이들을 대함과 같이 하노라 내가 너희를 젖으로 먹이고 밥으로 아니하였노니 이는 너희가 감당하지 못하였음이거니와 지금도 못하리라 **고전 3:1-2**

| 아내: 실제 아내. 언약 안에서 당신과 연합된 어떤 사람. 복종의 영. 교회. 이스라엘. 꿈 꾸는 자 안에서 그리스도께서 역사하시는 일.

| 아들: 사역 혹은 하나님으로부터의 은사. 실제 아들 혹은 당신에

게 유사한 특성을 지닌 사람. 하나님의 자녀.

| **아래, 아래로:** 영적 하강/퇴보. 넘어짐. 수치. 실패.

| **아버지:** 하나님 아버지. 필요의 공급. 실제 혈육의 아버지. 공급자. 가정이나 어느 장소의 우두머리.

| **아침:** 어떤 것의 시작. 삶의 어두운 시기 후에 찾아오는 하나님의 광명. 죄의 드러남. 기뻐함.

| **악어:** 큰 입을 가진 적. 언어로서의 공격들.

| **안개:** 맑지 않은, 불확실성, 숨겨진, 애매모호함. 하나님의 진노.

| **안식:** 고요함, 평온, 정적의 상태. 하나님으로부터 받을 수 있는 장소. 게으름.

| **안식하는:** 활동하지 않는. 느슨함.

| **앉아 있기:** 능력을 가진 권세, 지위의 장소. 하나님의 보좌 혹은 사탄의 자리.

| **암흑:** 빛의 부족, 영적인 방향지시가 없음.

| **앞면:** 앞을 바라봄, 미래의 어떤 것.

| **앵무새:** 흉내 내는 어떤 것. 본래의 것이 아닌.

| **양:** 예수님. 신자. 온유함. 흠이 없음.

| **양동이:** 측량 하는 어떤 것. 섬김에 사용됨. 생명을 공급함.

보라 그에게는 열방이 통의 한 방울 물과 같고 저울의 작은 티끌 같으며 섬들은 떠오르는 먼지 같으니 사 40:15

그 물통에서는 물이 넘치겠고 그 씨는 많은 물가에 있으리로다 그

의 왕이 아각보다 높으니 그의 나라가 흥왕하리로다 민 24:7

| 양말: 하나님의 말씀을 위한 비옥한 땅과 같은 상태를 반영함. 평화. 발의 보호.

- **더럽거나 찢겨진 양말:** 하나님 앞에서 마음과 걸음이 흠이 있음.
- **흰 양말:** 하나님 앞에서 마음과 걸음에 흠이 없음.

| 양탄자: 어떤 것을 덮음. 보호.
| 어깨: 책임, 권위.

- **넓게 벌어진 어깨:** 많은 책임을 수행할 수 있는.
- **여인의 드러난 어깨:** 유혹.
- **축 늘어진 어깨:** 실패한 태도. 과로하게 일함. 과로. 지쳐버림.

| 어떤 사람에게 돌을 던짐: 다른 사람들을 향한 악한 비난에 관여함. 용서치 않음. 사악한 행동.

성 밖으로 내치고 돌로 칠새 증인들이 옷을 벗어 사울이라 하는 청년의 발 앞에 두니라 행 7:58

| **어린 시절의 가정:** 좋거나 나쁘거나 먼 과거로부터의 영향.

| **어릿광대:** 진지하지 않은 사람. 하나님을 진지하게 생각하지 않음. 유치함.

| **어머니:** 교회. 예루살렘. 실제 어머니. 영적 어머니. 돌보는 자/스승.

| **언덕들:** 높임/승진의 장소. 자연적인 사람 위로 들려 올려짐. 하나님의 보좌. 시온산.

| **얼굴:** 신원 혹은 특성. 이미지 표현.

| **엄지손가락:** 사도적인, 권세. 혼의 힘.

| **엉덩이:** 재생산. 재생산과 관련된 혹은 구조물을 지탱하는.

| **여름:** 추수의 시간. 기회의 때. 성령의 열매들.

| **여우:** 교활한 영. 잔꾀. 비밀스러움 혹은 모조품.

> 암몬 사람 도비야는 곁에 있다가 이르되 그들이 건축하는 돌 성벽은 여우가 올라가도 곧 무너지리라 하더라 느 4:3
>
> 우리를 위하여 여우 곧 포도원을 허는 작은 여우를 잡으라 우리의 포도원에 꽃이 피었음이라 아 2:15
>
> 이스라엘아 너의 선지자들은 황무지에 있는 여우 같으니라 겔 13:4
>
> 이르시되 너희는 가서 저 여우에게 이르되 오늘과 내일은 내가 귀신을 쫓아내며 병을 고치다가 제삼일에는 완전하여지리라 하라 눅 13:32

| **여자 형제:** 예수 그리스도 안에서의 여자 형제. 실제 여자 형제.

당신 안에 있는 유사한 특성들.

| **여행가방:** 이동 중임. 변환. 하나님과의 개인적인 동행.
| **연기:** 하나님의 나타난 영광. 성도의 기도. 찬양, 경배. 어떤 것의 징조. 방해.
| **연도(Year):** 축복 혹은 심판의 시간.
| **연료:** 힘의 근원. 영적 양식의 근원. 희생의 가능성.
| **연회:** 하나님의 공급, 가득 찬 잔, 많은 부유와 풍성함. 만족. 축복. 축하. 하나님 말씀을 조직적으로 가르침.

> 그가 나를 인도하여 잔칫집에 들어갔으니 그 사랑은 내 위에 깃발이로구나 아 2:4
>
> 벨사살 왕이 그의 귀족 천 명을 위하여 큰 잔치를 베풀고 그 천 명 앞에서 술을 마시니라 그들이 술을 마시고는 그 금, 은, 구리, 쇠, 나무, 돌로 만든 신들을 찬양하니라 그 때에 사람의 손가락들이 나타나서 왕궁 촛대 맞은편 석회벽에 글자를 쓰는데 왕이 그 글자 쓰는 손가락을 본지라 단 5:1, 4-5

| **열쇠:** 어떤 것에 대한 권세, 소유권을 주장함. 선지자적 권위. 왕국의 권세.
| **염소:** 어리석음에 속함. 육욕적인, 육체의. 권위에 복종치 않음. 죄 안으로 걸어 들어감. 회개의 필요성. 판단의 실수, 희생양.
| **예루살렘:** 평화 체제, 하나님의 선택 받은 장소, 하나님의 도시.

| **오렌지(색):** 경고, 앞에 있는 위험, 주의를 요함.
| **오른쪽:** 자연적인 경향, 권세 혹은 힘. 당신이 실제적으로 할 수 있는 어떤 것.
| **오븐:** 문제의 핵심. 극도의 강렬함. 열렬함.
| **오소리:** 몰래 거주하는 것들.
| **오솔길:** 삶의 오솔길. 하나님과의 개인적인 동행. 삶의 방향들.
| **오토바이:** 한 사람이나 두 사람이 속한 성령 충만한 사역. 과시로 가득한 개인 사역.
| **옷감:** 덮개.

- **깨끗한 옷감:** 존경 혹은 권위의 망토.
- **더러운 옷감:** 죄로 얼룩진.

| **왕관:** 권세의 상징. 힘의 인침. 예수 그리스도. 다스리다, 존경 받다.
| **외국인:** 기독교 신앙 밖의 사람(천국 시민이 아닌). 가르침을 받고, 돌봄을 받으며 언약 안으로 들어오게 된 어떤 사람.
| **왼쪽:** 영에 속한 것. 인간에게 자연스럽지 않은 것. 하나님께서 인간의 육신을 통하여 나타나심.

> 그는 하늘에 오르사 하나님 우편에 계시니 천사들과 권세들과 능력들이 그에게 복종하느니라 **벧전 3:22**

| **용:** 사탄, 높은 마귀의 영. 사악함의 높은 단계. 적그리스도.

> 하늘에 또 다른 이적이 보이니 보라 한 큰 붉은 용이 있어 머리가 일곱이요 뿔이 열이라 그 여러 머리에 일곱 왕관이 있는데 계 12:3
> 큰 용이 내쫓기니 옛 뱀 곧 마귀라고도 하고 사탄이라고도 하며 온 천하를 꾀는 자라 그가 땅으로 내쫓기니 그의 사자들도 그와 함께 내쫓기니라 계 12:9

| **용광로:** 열의 근원. 심장. 열이 오른. 고통스러운 경험. 시련의 기간. 가지치기의 자원. 거룩한 행동들의 핵심.

> 누구든지 엎드려 절하지 아니하는 자는 즉시 맹렬히 타는 풀무불에 던져 넣으리라 하였더라 단 3:6
> 여호와께서 너희를 택하시고 너희를 쇠 풀무불 곧 애굽에서 인도하여 내사 자기 기업의 백성을 삼으신 것이 오늘과 같아도 신 4:20
> 보라 내가 너를 연단하였으나 은처럼 하지 아니하고 너를 고난의 풀무 불에서 택하였노라 풀무 불로 시련하였노라 사 48:10

| **용암:** 원수.
| **우박:** 하나님의 대적들을 향한 심판의 방편. 경작물이나 재산 그리고 생명에 상당한 해를 입힐 수 있는 어떤 것. 사악한 자를 징벌할 수 있는 방편.

내일 이맘때면 내가 무거운 우박을 내리리니 애굽 나라가 세워진 그 날로부터 지금까지 그와 같은 일이 없었더라 출 9:18

모세가 하늘을 향하여 지팡이를 들매 여호와께서 우렛소리와 우박을 보내시고 불을 내려 땅에 달리게 하시니라 여호와께서 우박을 애굽 땅에 내리시매 우박이 내림과 불덩이가 우박에 섞여 내림이 심히 맹렬하니 나라가 생긴 그 때로부터 애굽 온 땅에는 그와 같은 일이 없었더라 출 9:23-24

내가 또 전염병과 피로 그를 심판하며 쏟아지는 폭우와 큰 우박덩이와 불과 유황으로 그와 그 모든 무리와 그와 함께 있는 많은 백성에게 비를 내리듯 하리라 겔 38:22

| **우유:** 좋은 영양분. 초급과정의 가르침.
| **우표:** 권세의 인장. 위임. 권한을 부여함.
| **우회전:** 자연적 변화.
| **운전자:** 명령하거나 조종하는 사람. 결정권자.
| **울음:** 실제적인 울음. 비탄의 시기, 슬픔의 외적 폭발. 극렬한 감정적 표현.
| **울타리:** 보호. 안전. 자진해서 하는. 한계. 견고한 진.

넘어지는 담과 흔들리는 울타리 같이 사람을 죽이려고 너희가 일제히 공격하기를 언제까지 하려느냐 시 62:3

이에 북방 왕은 와서 토성을 쌓고 견고한 성읍을 점령할 것이요 남

방 군대는 그를 당할 수 없으며 또 그가 택한 군대라도 그를 당할 힘이 없을 것이므로 단 11:15

l **움직이는 승합차:** 자연적인 혹은 영적인 변화의 시간이나 기간. 걸어가기.
l **웃는:** 흥분과 기쁨의 폭발.
l **웃음:** 기뻐함. 즐거움 혹은 빈정거림.
l **원예:** 수고의 영역. 보상의 장소. 증가 혹은 추수.
l **원자폭탄:** 급속하거나 빠르게 발생하는 일. 거대한 파괴를 일으키는 어떤 능력.
l **위로 향하는 움직임:** 고도의 영적인 것들이 위로 움직임.
l **위층:** 성령에 속한. 오순절. 생각의 영역/큰 균형. 영의 영역.
l **유리바다:** 평화롭고 깨끗한. 계시의 상징. 고요함/투명성.
l **유산:** 좋거나 나쁜 어떤 것을 그 준비단계에서 잃음. 유산된 계획.
l **유황:** 하나님의 심판. 형벌. 역경의 시기.
l **육류:** 영적 성숙을 위한 어떤 것. 강력한 교리.

내가 너희를 젖으로 먹이고 밥으로 아니하였노니 이는 너희가 감당하지 못하였음이거니와 지금도 못하리라 고전 3:2
단단한 음식은 장성한 자의 것이니 그들은 지각을 사용함으로 연단을 받아 선악을 분별하는 자들이니라 히 5:14

| **은/은색:** 구속의 상징. 이해, 지식. 용기, 세상적 지식, 배반. 고난의 용광로.
| **은행:** 하늘의 계좌. 미래의 계절을 위한 하나님의 은총. 안전과 보호의 장소. 의지할 장소나 자원. 하나님의 공급.

> 내가 선물을 구함이 아니요 오직 너희에게 유익하도록 풍성한 열매를 구함이라 빌 4:17
>
> 헤롯이 요한을 의롭고 거룩한 사람으로 알고 두려워하여 보호하며 또 그의 말을 들을 때에 크게 번민을 하면서도 달갑게 들음이러라 마 6:20

| **음성:** 하나님 혹은 마귀로부터의 메시지. 하나님의 말씀. 신적 지침.
| **음식:** 좋거나 나쁜 영적, 육체적 영양 공급. 증가시킴.

> 그들로 장차 올 풍년의 모든 곡물을 거두고 그 곡물을 바로의 손에 돌려 양식을 위하여 각 성읍에 쌓아 두게 하소서 창 41:35

| **음식을 먹임:** 좋거나 나쁜 영적 공급에 함께 참여하고 분담함.
| **음악:** 좋거나 나쁜 찬양과 경배. 영적 은사 안에서의 흐름. 가르침. 훈계. 메시지.
| **의류:** 깨끗하거나 더럽거나 덮어주는 어떤 것. 상황 속에서의 당

신의 위치나 권세. 보호막. 하나님께서 우리에게 공급하시는.

- **찢겨진 옷:** 비탄, 슬픔을 상징함.

| **의사:** 예수, 치료자. 치유의 기름 부음 받은 자. 돌보는 섬김의 사람, 목사. 치유의 기름 부음의 상징.
| **의약품:** 약. 불법 마약, 위조된 기름 부음.
| **의자:** 어떤 것 위에 존재하는 권세, 권세의 자리에 오름. 하나님의 보좌.
| **이(기생충):** 당신을 인신공격하기 위해 합의된 시도. 참소, 수치.
| **이름:** 어떤 것의 신분, 지정된 순위 혹은 상태. 그 이름의 뜻.
| **이마:** 사고 진행과 이론. 계시들. 획득하고 회상하는 능력. 하나님께 대한 헌신.
| **이발소:** 믿음, 관습, 혹은 습관의 변화의 시기와 장소, 그러한 모든 변화가 일어날 수 있는 교회. 강조에 따라 허영심이나 교정의 장소.
| **이사:** 영적, 감정적 평안 안에서의 변화. 상황의 변화. 변화가 임박함.
| **이삿짐 차:** 실제 삶에서나 혹은 영적으로 변화의 기간.
| **이스라엘:** 이스라엘 국가. 기독교인 공동체, 구속함을 받은 자들. 사람들 위에 다스리시는 하나님의 권세. 하나님의 백성.
| **이슬:** 축복. 구름 없고 적막한 밤 시기 동안 응축되며 물기를 머

금어 생겨난 이슬방울은 이 땅에 임하는 하나님의 축복을 상징함. 하나님의 말씀.

> 하나님은 하늘의 이슬과 땅의 기름짐이며 풍성한 곡식과 포도주를 네게 주시기를 원하노라 창 27:28
> 헐몬의 이슬이 시온의 산들에 내림 같도다 거기서 여호와께서 복을 명령하셨나니 곧 영생이로다 시 133:3
> 내 교훈은 비처럼 내리고 내 말은 이슬처럼 맺히나니 연한 풀 위의 가는 비 같고 채소 위의 단비 같도다 신 32:2
> 그러므로 너희로 말미암아 하늘은 이슬을 그쳤고 땅은 산물을 그쳤으며 학 1:10

- **이집트:** 속박/종살이. 피난살이-예수님을 위한 영적 전쟁의 피난처. 옛 죄. 기독교인이 되기 이전의 삶.
- **이층:** 다양한 단계의 은사들. 육체와 영의 상징. 다양한 은사를 지닌 교회.
- **일터:** 당신의 섬김의 장소나 시간.
- **임신:** 재생산의 과정 속에 있는, 준비단계. 하나님의 약속. 씨앗의 형태로서의 하나님의 말씀. 예언적인 말씀.
- **임신하다:** 준비 과정. 더하기. 증가하기.
- **입:** 좋거나 나쁜 간증의 도구. 선하거나 악한 말을 하는 것. 삶의 문제들로부터 오는 당신을 대적하는 말들.

| **입술:** 하나님의 말씀. 속임. 시험의 수단. 봉헌. 거짓을 말하거나 비난함.

> 자기 수치의 거품을 뿜는 바다의 거친 물결이요 영원히 예비된 캄캄한 흑암으로 돌아갈 유리하는 별들이라 유 1:13
>
> 내가 흑암으로 하늘을 입히며 굵은 베로 덮느니라 사 50:3

ㅈ

| **자동차:** 목적지로 가거나 혹은 소원하는 목적을 이루는 수단.

> 그 병거는 미친 듯이 거리를 달리며 대로에서 이리저리 빨리 달리니 그 모양이 횃불 같고 빠르기가 번개 같도다 **나 2:4**

- **백미러:** 뒤돌아 봄, 과거에 집중함. 앞을 보도록 경고함. 뒤를 보도록 경고함.
- **브레이크:** 속도를 줄임, 멈춤, 강제로 멈추게 함. 방해.
- **사륜 구동차:** 강력한 사역, 땅을 진동함. 세계적 영향력의 가능성.
- **승합차:** 물건들을 운송. 그룹 사역.
- **안전벨트:** 안전을 보장하는 어떤 것. 안전벨트를 했다면-준비된, 기도가 있는. 하지 않았다면-기도가 없는, 부주의한.
- **에어컨디션:** 잘 작동되고 있다면, 역경을 불구하고 적합한 평안을 얻음. 잘 작동되지 않는다면, 평안을 위한 잘못된 공급.

- **엔진:** 성령님의 능력.
- **운전석:** 지도자, 지도력.
- **자동차 열쇠:** 사역을 위한 권세.
- **지붕을 열 수 있는 차:** 열린 하늘 사역, 계시적 사역.
- **지붕이 없는 승합차:** 그 일을 위한 적합한 기름부음을 가지고 있지 않음. 상처입기 쉬운. 투명성.
- **차를 조종함:** 조종하고 인도하는 부분.
- **타이어:** 사역의 영적 상태들의 상징. 바퀴가 터짐-영적 힘의 필요, 기도의 필요성. 공기가 가득참-성령에 의해 강력해짐.
- **파손됨:** 충돌, 접촉 사고, 위험, 한 단계의 마침, 방향의 전환. 위험. 논쟁, 대결, 죄.
- **폐차장:** 방치되었거나 수리가 필요한 사역들.

| **자살:** 자기 파괴의 행위, 어리석음. 죄악된 행위. 교만. 소망의 부족.
| **자전거:** 사람의 노력에 과도하게 의존한 사역. 한 사람이 하는 사역.
| **작업실:** 잘못된 것을 분주히 행함.
| **잔디:** 신적으로 공급된, 관리되도록 의도된 어떤 것. 생명. 씨앗의 형태로 형성된 하나님의 말씀. 하나님의 말씀.

- **메마른 풀:** 회개를 통한 육의 죽음.
- **잔디 깎음:** 훈련된 복종.

| **잠을 자다:** 추월당하다. 어떤 것을 의식하지 못하는. 숨겨진. 게으름. 안식의 상태. 위험. 조절할 수 없는.

- **늦잠 자기:** 신적인 약속을 잃어버릴 수 있는 위험 안에 있음.

| **잡초:** 죄악 된 본성 혹은 행위들.
| **장갑:** 섬김의 방편을 보호하는 어떤 것. 매우 적합한 어떤 것. 생산성의 수단을 보호하는 어떤 것.
| **장례:** 어떤 것의 종말을 표시하는 기념비.

> 웃시야가 그의 조상들과 함께 누우매 그는 나병환자라 하여 왕들의 묘실에 접한 땅 곧 그의 조상들의 곁에 장사하니라 그의 아들 요담이 대신하여 왕이 되니라 대하 26:23
>
> 그가 끌려 예루살렘 문 밖에 던져지고 나귀 같이 매장함을 당하리라 렘 22:19
>
> 이 여자가 내 몸에 이 향유를 부은 것은 내 장례를 위하여 함이니라 마 26:12

| **장막:** 일시적인 안정, 변동의 상황. 여행을 위해 의도된 어떤 것 혹은 일시적인 거주지, 영구적인 건물이 아닌 것.

> 야곱이 길을 가는데 하나님의 사자들이 그를 만난지라 야곱이 그들

을 볼 때에 이르기를 이는 하나님의 군대라 하고 그 땅 이름을 마하나임이라 하였더라 **창 32:1-2**

홍해 가를 떠나 신 광야에 진을 치고 신 광야를 떠나 돕가에 진을 치고 돕가를 떠나 알루스에 진을 치고 알루스를 떠나 르비딤에 진을 쳤는데 거기는 백성이 마실 물이 없었더라 르비딤을 떠나 시내 광야에 진을 치고 시내 광야를 떠나 기브롯핫다아와에 진을 치고 기브롯핫다아와를 떠나 하세롯에 진을 치고 하세롯을 떠나 릿마에 진을 치고 **민 33:11-18**

| **장모/시어머니:** 당신의 교회가 아닌 다른 교회. 실제 장모/시어머니. 거짓 교사.
| **장인/시아버지:** 조직 안에 있는 아버지와 같은 인물. 충고자. 대표하는 영. 다른 조직의 우두머리.
| **재:** 회개나 슬픔의 상징들. 스스로 낮춤. 기념비.

너희의 격언은 재 같은 속담이요 너희가 방어하는 것은 토성이니라 **욥 13:12**

내가 주께 대하여 귀로 듣기만 하였사오나 이제는 눈으로 주를 뵈옵나이다 그러므로 내가 스스로 거두어들이고 티끌과 재 가운데에서 회개하나이다 **욥 42:5-6**

다말이 재를 자기의 머리에 덮어쓰고 그의 채색옷을 찢고 손을 머리 위에 얹고 가서 크게 울부짖으니라 **삼하 13:19**

| **재판관:** 하나님 아버지. 권세. 결정을 위한 기름 부으심. 예수 그리스도. 불의한 지배자.
| **쟁기:** 하나님의 말씀을 받기 위한 마음을 준비함. 죄에 의해서 굳어진 묵은 땅을 갈음.
| **전갈:** 높은 마귀적인 영 혹은 악령. 치명적일 수 있는 어떤 것.
| **전기:** 하나님의 영적 능력. 하나님의 흐름에 대한 잠재력.

- **뽑혀 있는 전선:** 성령님의 능력에 연결되어 있지 않음.
- **전기 콘센트:** 성령님의 흐름과 연결될 수 있는 가능성.

| **전남편:** 이전에 당신 위에 주권자였던 사람-과거에 당신을 조종했던 어떤 것.
| **전자레인지:** 인내심의 부족을 가리킬 수 있음. 쉬운 선택을 찾는 것. 신속한(성급한) 행동 과정.
| **전쟁:** 영적 전쟁.
| **전화:** 선하거나 악한 영적 교통. 신성한 상담.
| **절름발이:** 결점들. 하나님과의 동행 안에서의 흠. 한계.
| **점:** 흠. 오염.

- **점이 없는:** 영광스러운 교회.

| **정사각형:** 전통. 사고방식. 세속적이며 진리에 눈이 멈.

| **정원:** 하나님에 의해서 계획된 삶의 상황을 상징하는 경작된 땅의 부분. 삶의 노동 현장. 생산력과 열매 맺음과 증가의 장소. 안식 혹은 로맨스의 장소. 성령께서 주관하시는 동산과도 같은 신자의 삶.

> 여호와 하나님이 동방의 에덴에 동산을 창설하시고 그 지으신 사람을 거기 두시니라 창 2:8
> 여호와가 너를 항상 인도하여 메마른 곳에서도 네 영혼을 만족하게 하며 네 뼈를 견고하게 하리니 너는 물 댄 동산 같겠고 물이 끊어지지 아니하는 샘 같을 것이라 사 58:11
> 여자가 뱀에게 말하되 동산 나무의 열매를 우리가 먹을 수 있으나 창 3:2
> 그들이 그 날 바람이 불 때 동산에 거니시는 여호와 하나님의 소리를 듣고 아담과 그의 아내가 여호와 하나님의 낯을 피하여 동산 나무 사이에 숨은지라 창 3:8

| **젖소:** 음식/풍부함의 근원. 죄에 대한 잠재적 근원.
| **제단:** 좋거나 나쁘거나에 관계없이 영적 의식, 혹은 기도와 경배를 위하여 구별된 장소.

> 그 곳에서 여호와를 위하여 제단을 쌓고 번제와 화목제를 드렸더니 이에 여호와께서 그 땅을 위한 기도를 들으시매 이스라엘에게 내리

는 재앙이 그쳤더라 **삼하 24:25**

노아가 여호와께 제단을 쌓고 모든 정결한 짐승과 모든 정결한 새 중에서 제물을 취하여 번제로 제단에 드렸더니 **창 8:20**

그가 거기서 제단을 쌓고 그 곳을 엘벧엘이라 불렀으니 이는 그의 형의 낯을 피할 때에 하나님이 거기서 그에게 나타나셨음이더라
창 35:7

너희가 쫓아낼 민족들이 그들의 신들을 섬기는 곳은 높은 산이든지 작은 산이든지 푸른 나무 아래든지를 막론하고 그 모든 곳을 너희가 마땅히 파멸하며 그 제단을 헐며 주상을 깨뜨리며 아세라 상을 불사르고 또 그 조각한 신상들을 찍어 그 이름을 그 곳에서 멸하라
신 12:2-3

| **제목/증서:** 소유권의 인증. 어떤 것을 소유하게 될 가능성.
| **종:** 주의를 기울이거나 행동으로 옮길 것을 요함. 경각심을 일으킴. 크게 말함. 공적인 경고.
| **좌석:** 힘의 기반. 통치권. 권세. 안식에 이름. 자비의 장소.
| **죄수:** 잃어버린 영혼.
| **주석(朱錫):** 별로 용감하지 않은 것. 원래의 것이 아닌 모방.
| **죽음:** 죽음에 대하여 성경이 더 자주 말하는 것은 자아의 죽음임. 한 영역 안에서 자아가 죽어가는 어떤 정도. 악한 것들로부터의 분리, 실제적 육신의 죽음. 이 땅에서의 삶의 종말. 죽음은 또한 하나님과의 교통을 다시 시작하기 위하여 육신의 행실에 대하여

승리하는 것을 상징한다.
| **중학교:** 하나님에 의한 중간 단계의 준비.
| **쥐:** 소중한 것을 비밀리에 먹어 들어감. 소심한 영이나 두려움의 영. 빠르게 퍼지는 악.
| **증기:** 일시적인 어떤 것. 하나님의 임재. 어떤 것에 대한 증거.
| **지갑:** 보물, 마음, 개인 신분. 귀하고 소중한.

- **빈 지갑:** 파산.

| **지도:** 하나님의 말씀. 지시. 안내.
| **지붕:** 마음, 생각, 묵상의 영역. 육적이기보다는 영적인. 위로부터 주시는 계시. 덮개.
| **지진:** 큰 능력의 갑작스런 방출. 심판. 지축을 뒤흔드는 변화. 큰 충격. 시련의 시기. 감옥에서 풀려남.

불이 섶을 사르며 불이 물을 끓임 같게 하사 주의 원수들이 주의 이름을 알게 하시며 이방 나라들로 주 앞에서 떨게 하옵소서 주께서 강림하사 우리가 생각하지 못한 두려운 일을 행하시던 그 때에 산들이 주 앞에서 진동하였사오니 주 외에는 자기를 앙망하는 자를 위하여 이런 일을 행한 신을 옛부터 들은 자도 없고 귀로 들은 자도 없고 눈으로 본 자도 없었나이다 **사 64:2-4**

| **지팡이/막대기:** 권세의 상징. 권세의 한 부분.
| **지하실:** 어떤 것의 보이지 않는 부분. 저장 영역. 기초와 관계된. 숨겨진. 혈통과 관계된 문제.
| **진주:** 가치 있는 어떤 것. 하나님의 확립된 진리. 천국의 영광.
| **진흙:** 인간의 약함과 관계되는 어떤 것. 연약하고 깨어지기 쉬운. 견고하지 못한.

> 그 종아리는 쇠요 그 발은 얼마는 쇠요 얼마는 진흙이었나이다 또 왕이 보신즉 손대지 아니한 돌이 나와서 신상의 쇠와 진흙의 발을 쳐서 부서뜨리매 그 발가락이 얼마는 쇠요 얼마는 진흙인즉 그 나라가 얼마는 든든하고 얼마는 부서질 만할 것이며 단 2:33-34,42

| **질병:** 감정적 요동. 마귀로부터의 속박.
| **집:** 사람의 영적, 감정적 집. 인격. 교회.
| **찔레 가시:** 다듬어져야 할 필요가 있는 "거칠고 가시가 돋친" 어떤 것. 교양 없는 혹은 거짓된 어떤 것.
| **찢다:** 비애 혹은 불일치. 분노의 표시로서 갈기갈기 찢음. 슬픔, 회개, 비통함. 동의하지 않음.

ㅊ

| **차고:** 저장의 상징. 가능성 혹은 보호.
| **창문:** 예언적 은사. 계시적 지식. 통찰력을 얻음.
| **채반:** 순수한 것으로부터 불순물을 분리시킴. 시련 혹은 시험.

> 보라 내가 명령하여 이스라엘 족속을 만국 중에서 체질하기를 체로 체질함 같이 하려니와 그 한 알갱이도 땅에 떨어지지 아니하리라
> 암 9:9

| **채질하다:** 시험으로 구별해냄.

> 시몬아, 시몬아, 보라 사탄이 너희를 밀 까부르듯 하려고 요구하였으나 눅 22:31

| **책:** 이해/지식을 얻음. 성경. 계시, 하나님으로부터의 약속. 책의

제목으로부터의 메시지.

| **처형/시누이:** 여자 형제의 해석과 같음. 다른 공동체 안에서의 여자 형제. 깊지 않은 관계. 실제 인물 혹은 유사한 특성을 지닌 사람.

| **천둥:** 하나님으로부터의 커다란 신호. 하나님께서 말씀하심. 만지심. 경고 혹은 축복.

| **철:** 힘의, 능력의. 엄격한 규율/강력한 요새.

| **체취:** 불결한 영. 육적인 행동들의 영향.

| **초:** 하나님의 말씀

> 사람의 영혼은 여호와의 등불이라 사람의 깊은 속을 살피느니라
> 잠 20:27
> 그 때에 내가 예루살렘에서 찌꺼기 같이 가라앉아서 마음속에 스스로 이르기를 여호와께서는 복도 내리지 아니하시며 화도 내리지 아니하시리라 하는 자를 등불로 두루 찾아 벌하리니 습 1:12

- **등불, 전기:** 사람의 영을 상징. 불이 켜지지 않았다면, 하나님의 임재의 부족을 의미할 수 있음(예수님은 빛의 근원이시다). 양심.

| **초고층 빌딩:** 다양한 수준의 기능을 위해 세워진 구조를 가지고 있는 개인이나 사역. 예언적 은사를 가지고 있는 교회나 개인. 영적 경험의 높은 단계. 계시.

| **초등학교:** 유아기, 아직 성숙하지 못함.
| **초록색:** 생명-선하거나 악한 생명일 수 있음, 공급. 안식과 평안.
| **촛대:** 하나님의 빛을 운반하는 사람들. 서 있는 촛대는 하나님의 영, 교회.
| **총:** 마귀적인 고통의 도구. 상처를 주는 말. 기도의 언어의 힘. 하나님의 말씀을 선포됨으로 인해 다스릴 수 있다.
| **추락:** 지원을 잃음. 은총으로부터 떨어짐. 시련/암흑과 죄의 시기로 들어감.
| **추수:** 은혜의 계절들. 복음을 나눌 수 있는 기회. 결실. 수고와 행위에 대한 보상.
| **출입문:** 문들, 출구. 구원. 건물들, 땅들 혹은 도시들과 같은 어떤 것 안으로 들어가는 출입구. 성경 시대에 상업적인 협상이 출입문 앞에서 행사되었음. 안으로 혹은 밖으로 지나가는 통로.

> 그 모든 성읍이 높은 성벽으로 둘려 있고 문과 빗장이 있어 견고하며 그 외에 성벽 없는 고을이 심히 많았느니라 신 3:5
> 그가 놋문을 깨뜨리시며 쇠빗장을 꺾으셨음이로다 시 107:16
> 내가 너보다 앞서 가서 험한 곳을 평탄하게 하며 놋문을 쳐서 부수며 쇠빗장을 꺾고 사 45:2
> 그 열두 문은 열두 진주니 각 문마다 한 개의 진주로 되어 있고 성의 길은 맑은 유리 같은 정금이더라 계 21:21
> 여호와께서 야곱의 모든 거처보다 시온의 문들을 사랑하시는도다

시 87:2

| **출혈:** 상처 받음. 영적인 상실. 말로써 비난 받음. 외상. 깊은 상처.
| **춤, 경배:** 하나님 혹은 우상을 경배함. 기쁨의 시간, 기뻐함.
| **치아:** 지혜. 이해를 얻음. 어떤 일을 해냄.

- **부러진 치아:** 경험이 없는. 이해하기 힘든.
- **유치(乳齒):** 유치함. 지혜 혹은 지식이 없는.
- **의치(義齒), 틀니:** 순수한 영적 이해 대신 세상의 이성으로 가득함.
- **이를 닦다:** 지혜 혹은 이해를 얻음.
- **치통:** 환난이 오고 있음. 가슴앓이.

| **치즈:** 위로하는, 위안.
| **치타:** 불결한 영.
| **친구:** 그리스도 안의 형제나 자매, 자신. 유사한 자질을 갖고 있음을 보여줌. 믿을만한 사람.
| **침대:** 계시들, 안식, 만족. 안식하게 됨.
| **침실:** 친밀함의 장소. 안식과 취침 혹은 꿈들의 장소. 언약의 장소. 계시의 장소.

ㅋ

| **칼:** 하나님의 말씀. 악한 말들.
| **캥거루:** 진리에 기반을 두지 않은 어떤 것. 편견. 성급한 결론.
| **컵:** 삶과 공급 혹은 책임감에 대한 당신의 분깃.
| **케이크, 빵:** 하늘로부터의 공급. 하나님으로부터의 영양분.

> 백성이 두루 다니며 그것을 거두어 맷돌에 갈기도 하며 절구에 찧기도 하고 가마에 삶기도 하여 과자를 만들었으니 그 맛이 기름 섞은 과자 맛 같았더라 민 11:8

| **코:** 영분별. 사람들의 사생활을 침범함. 좋거나 나쁜 것의 분별. 험담꾼.
| **코피 흘림:** 투쟁. 당신의 분별력을 강화시킬 필요성.
| **콜타르:** 덮개. 쓰라림.
| **크리스마스:** 그리스도 안에서의 새 일, 인간의 전통. 영적 은사.

선물과 사랑의 계절. 기쁨과 인간애의 시기.

| **큰 접시:** 사물들을 제시하기 위해 올려놓는 어떤 것.

| **키스:** 합의, 언약에 이름. 유혹의 과정. 속임. 기만 혹은 배신. 진정한 친구 혹은 그리스도 안에서의 형제, 자매로부터의 배신.

E

| **타박상:** 상한 감정들을 남기는 사건이나 상황. 치유를 필요로 하는. 우리를 위한 예수님의 고난.

> 여호와께서 이와 같이 말씀하시니라 네 상처는 고칠 수 없고 네 부상은 중하도다 렘 30:12
>
> 그가 찔림은 우리의 허물 때문이요 그가 상함은 우리의 죄악 때문이라 그가 징계를 받으므로 우리는 평화를 누리고 그가 채찍에 맞으므로 우리는 나음을 받았도다 사 53:5

| **타이타닉:** 성사되지 않을 거대한 계획.
| **탁자:** 합의 혹은 협정의 장소. 문제들을 해결함. 제단. 공동체, 친교.

> 주께서 내 원수의 목전에서 내게 상을 차려 주시고 기름을 내 머리

에 부으셨으니 내 잔이 넘치나이다 시 23:5

| **탑:** 고도의 영적인 것. 초자연적 경험. 위대한 힘. 바벨탑이라면 교만.
| **태양:** 하나님의 빛. 진리. 하나님의 영광.
| **터널:** 나가는 길. 시기의 과정. 다음 단계로 이어지는 어려운 시기.
| **터널:** 통로. 전환의 시간이나 장소. 삶의 어렵거나 어두운 계절.

돌 가운데로 도랑을 파서 각종 보물을 눈으로 발견하고 욥 28:10

| **텐트:** 일시적인 덮개, 유동성.
| **텔레비전:** 비전적인 계시들 혹은 예언적인 꿈들. 예언적인 발언들.
| **토끼:** 악령, 육적인 증가의 가능성을 가진 어떤 것.
| **토네이도:** 괴로운 상황. 거대한 고난. 영적 전쟁.
| **토지:** 유산. 하나님으로부터 주어진 약속.

- **땅 위에 열매 맺음:** 사역의 성과.
- **맨 땅 혹은 먼지:** 저주, 불모지.
- **무시된, 버려진 땅:** 무시된 약속 혹은 유산.
- **새로 개발된 땅:** 하나님의 약속이 새로 계시된 영역.

| **통치자:** 한 장소에서 지배력을 가진 사람. 교회나 지리적 영역 혹은 유업 안의 영적 지도자. 권세, 통치력, 다스림.
| **투명한:** 상황 속으로 빛을 가져오기. 이해를 가져오기. 어떤 것으로부터의 해방.
| **투창:** 좋거나 나쁜 말. 하나님의 말씀. 악한 말, 저주.
| **트랙터:** 지축을 뒤흔드는 사역. 수용할 수 있는 마음을 준비함.
| **트럭:** 공급을 가져오는 개인 사역.
| **트럼펫:** 선지자의 음성. 그리스도의 재림. 복음의 선포. 축복. 약속.

> 또 회중을 모을 때에도 나팔을 불 것이나 소리를 크게 내지 말며
> 민 10:7
> 주께서 호령과 천사장의 소리와 하나님의 나팔 소리로 친히 하늘로부터 강림하시리니 그리스도 안에서 죽은 자들이 먼저 일어나고
> 살전 4:16

| **트레일러:** 무장시키는 사역. 돌보는 섬김. 파송하는 사역.
| **트로피:** 승리.
| **틈/간격:** 헛점. 약점. 빠져나갈 구멍. 시작.

> 너희 선지자들이 성 무너진 곳에 올라가지도 아니하였으며 이스라엘 족속을 위하여 여호와의 날에 전쟁에서 견디게 하려고 성벽을 수축하지도 아니하였느니라 겔 13:5

이 땅을 위하여 성을 쌓으며 성 무너진 데를 막아 서서 나로 하여금 멸하지 못하게 할 사람을 내가 그 가운데에서 찾다가 찾지 못하였으므로 겔 22:30

ㅍ

| 파란색: 하늘과 관계된 하나님으로부터 혹은 성령님으로부터의 방문. 영적인.

| 파리: 악령들. 부패. 악령에 의해 점령됨. 불순한 행동들의 결과.

> 죽은 파리들이 향기름을 악취가 나게 만드는 것 같이 적은 우매가 지혜와 존귀를 난처하게 만드느니라 **전 10:1**
>
> 그 날에는 여호와께서 애굽 하수에서 먼 곳의 파리와 앗수르 땅의 벌을 부르시리니 **사 7:18**

| 팔: 좋거나 나쁜 힘과 능력.

> 요셉의 활은 도리어 굳세며 그의 팔은 힘이 있으니 이는 야곱의 전능자 이스라엘의 반석인 목자의 손을 힘입음이라 **창 49:24**
>
> 그러므로 이스라엘 자손에게 말하기를 나는 여호와라 내가 애굽 사

람의 무거운 짐 밑에서 너희를 빼내며 그들의 노역에서 너희를 건지며 편 팔과 여러 큰 심판들로써 너희를 속량하여 출 6:6

그와 함께 하는 자는 육신의 팔이요 우리와 함께 하시는 이는 우리의 하나님 여호와시라 반드시 우리를 도우시고 우리를 대신하여 싸우시리라 하매 백성이 유다 왕 히스기야의 말로 말미암아 안심하니라 대하 32:8

우리가 전한 것을 누가 믿었느냐 여호와의 팔이 누구에게 나타났느냐 사 53:1

| **팔찌:** 교만에 속한. 가치 있으나 세상에 속한. 이름이 새겨져 있다면 그와 같음.
| **펜/펜슬:** 글쓰기에 관련된. 기록된 말들. 영구적으로 만드는.
| **포도:** 약속의 땅의 열매. 성공적인 경작 혹은 삶속의 성공. 눈에 보기에 즐거운. 비옥함의 증거.

옛적에 내가 이스라엘을 만나기를 광야에서 포도를 만남 같이 하였으며 너희 조상들을 보기를 무화과나무에서 처음 맺힌 첫 열매를 봄 같이 하였거늘 그들이 바알브올에 가서 부끄러운 우상에게 몸을 드림으로 저희가 사랑하는 우상 같이 가증하여졌도다 호 9:10

여호와의 말씀이니라 보라 날이 이를지라 그 때에 파종하는 자가 곡식 추수하는 자의 뒤를 이으며 포도를 밟는 자가 씨 뿌리는 자의 뒤를 이으며 산들은 단 포도주를 흘리며 작은 산들은 녹으리라 암 9:13

또 불을 다스리는 다른 천사가 제단으로부터 나와 예리한 낫 가진 자를 향하여 큰 음성으로 불러 이르되 네 예리한 낫을 휘둘러 땅의 포도송이를 거두라 그 포도가 익었느니라 하더라 계 14:18

또 에스골 골짜기에 이르러 거기서 포도송이가 달린 가지를 베어 둘이 막대기에 꿰어 메고 또 석류와 무화과를 따니라 민 13:23

| 포도나무: 예수 그리스도. 기독교 신자들.

내가 너를 순전한 참 종자 곧 귀한 포도나무로 심었거늘 내게 대하여 이방 포도나무의 악한 가지가 됨은 어찌 됨이냐 렘 2:21

나는 참포도나무요 내 아버지는 농부라 요 15:1

| 포도원: 심는 장소. 추수. 하늘의 왕국.

무릇 만군의 여호와의 포도원은 이스라엘 족속이요 그가 기뻐하시는 나무는 유다 사람이라 그들에게 정의를 바라셨더니 도리어 포학이요 그들에게 공의를 바라셨더니 도리어 부르짖음이었도다 사 5:7

| 포도주: 성령님. 위조된 영. 성찬식. 가르침. 축복.

여호와께서 너희의 땅에 이른 비, 늦은 비를 적당한 때에 내리시리니 너희가 곡식과 포도주와 기름을 얻을 것이요 신 11:14

새 포도주는 새 부대에 넣어야 할 것이니라 눅 5:38

늙은 여자로는 이와 같이 행실이 거룩하며 모함하지 말며 많은 술의 종이 되지 아니하며 선한 것을 가르치는 자들이 되고 딛 2:3

| **포도주 담는 부대:** 그리스도의 몸. 교회.
| **포도즙 짜는 틀:** 참된 교리.
| **폭발:** 일반적으로 긍정적인 신속한 분출. 갑작스런 확장이나 증가. 신속한 일 혹은 압도적인 변화.
| **폭풍:** 시련. 시험의 기간. 사단의 공격.

얼마 안 되어 섬 가운데로부터 유라굴로라는 광풍이 크게 일어나니 배가 밀려 바람을 맞추어 갈 수 없어 가는 대로 두고 쫓겨가다가

행 27:14-15

- **흰 폭풍:** 하나님의 능력, 부흥.

| **표:** 구분하는 어떤 것. 상징. 구별함. 하나님 혹은 마귀의 표.
| **표범:** 좋거나 나쁘거나 강한. 영구적인. 변함이 없는 성격.
| **피:** 속죄. 달래기. 진정 시키기. 증거하는 어떤 것.
| **피고용주/종:** 권위에 복종된 자. 실제적 피고용주.
| **피난처:** 보호와 안전의 장소.
| **피부:** 덮개.

| **핏빛의 달:** 핍박당하는 교회. 어둠 가운데 빛나는 어떤 것.

ㅎ

- **하늘:** 자연적인 것 너머. 하나님의 임재. 하나님과 관계된 혹은 영의 높은 단계의 것들.
- **하수구:** 쓰레기를 가져가는 어떤 것. 외양은 좋으나 그 안에 오물을 지니고 있는. 삶을 더럽힐 수 있는 쓰레기.
- **하프:** 만일 하나님을 위해 사용되면 하늘과 땅에서의 찬양과 경배. 찬양과 경배의 악기. 우상을 위해 사용될 수 있음.
- **학교, 교실:** 훈련 시간, 가르침의 장소. 가르침의 기름부음이 있는 사역.
- **할례:** 육신적인 것들을 잘라냄, 자유에 이름. 하나님과의 언약. 피 언약. 영적 여정에 있어서의 새로운 단계들-거듭남.

> 너희는 포피를 베어라 이것이 나와 너희 사이의 언약의 표징이니라
> **창 17:11**
> 유다인과 예루살렘 주민들아 너희는 스스로 할례를 행하여 너희 마

음 가죽을 베고 나 여호와께 속하라 그리하지 아니하면 너희 악행으로 말미암아 나의 분노가 불 같이 일어나 사르리니 그것을 끌 자가 없으리라 **렘 4:4**

할례의 언약을 아브라함에게 주셨더니 그가 이삭을 낳아 여드레만에 할례를 행하고 이삭이 야곱을, 야곱이 우리 열 두 조상을 낳으니 **행 7:8**

| **할머니:** 그 사람을 향한 세대적 권세. 영적 유산. 지난 세대의 지혜 혹은 은사.
| **항공기:** 성령 안에서 일하는 개인적 사역 혹은 교회. 강력한 영적 능력 안에서 흐름, 강력한 성령의 사역

- **고도 항공기:** 성령으로 강력하게 채워짐.
- **솟아오르는 항공기:** 영의 깊음 혹은 하나님의 깊은 것들 안에서 움직임.
- **저도 항공기:** 성령 안에서 오직 부분적으로 활동함.
- **전투기:** 중보기도 사역으로의 소명. 영적 전쟁.
- **추락하는 항공기:** 한 단계의 끝. 방향의 전환.

| **항아리:** 그릇 혹은 용기. 전통. 사람.
| **해산의 고통:** 좋거나 나쁜 어떤 것이 태어나는 과정. 시험 혹은 준비의 마지막 단계. 광야의 기간.

| **해안:** 전환의 국면. 국경선.
| **향:** 기도, 경배, 찬양. 하나님께서 받으실만한.
| **향수:** 어떤 것의 향기. 하나님의 영광. 성령님 혹은 기름부음의 향기.
| **향유:** 치유, 기름 부으심, 고통, 통증이나 스트레스 혹은 심한 고통을 경감케 하는 어떤 것.

> 길르앗에는 유향이 있지 아니한가 그 곳에는 의사가 있지 아니한가 딸 내 백성이 치료를 받지 못함은 어찌 됨인고 렘 8:22
> 바벨론이 갑자기 넘어져 파멸되니 이로 말미암아 울라 그 상처를 위하여 유향을 구하라 혹 나으리로다 렘 51:8
> 유다와 이스라엘 땅 사람이 네 상인이 되었음이여 민닛 밀과 과자와 꿀과 기름과 유향을 네 물품과 바꾸어 갔도다 겔 27:17

| **허벅다리:** 힘. 육신. 유혹하는. 맹세함.
| **헬리콥터:** 영적 전쟁을 위해 영적으로 강해짐. 한 사람이 하는 사역.
| **헬멧:** 구원에 대한 인식과 내적 확신. 하나님의 약속.
| **혀:** 강력한. 국가적인 언어. 길들여질 수 없는 어떤 것.
| **현관:** 건물에서 공동으로 사용하는 부분. 드러남. 쉽게 보이도록 공개적으로 진열된.
| **현미경:** 보다 주의 깊게 보아야 할 필요성. 분명한 비전을 얻음.

좋거나 나쁜 어떤 것을 확대시킴.
| **현수막, 깃발:** 모든 사람들이 소속하거나 헌신한 보호막, 연합, 사랑 혹은 목적을 가져오는 어떤 것. 연합시키는 대상이나 상황. 승리.

> 모세가 제단을 쌓고 그 이름을 여호와 닛시라 하고 **출 17:15**

| **형제:** 그리스도인 형제(영적 형제). 친형제나 동등한 위치의 어떤 사람.

> 누구든지 하나님의 뜻대로 행하는 자가 내 형제요 자매요 어머니이니라 **막 3:35**

| **호위:** 바른 길을 고수할 수 있는 능력. 보호의 영/주의 깊게 간수하는.
| **호텔:** 모임의 장소, 일시적인 집합 장소. 모임의 전환 장소. 교회. 전환의 상황.
| **홀:** 권세의 막대기. 직임. 주권자의 막대기.

> 규가 유다를 떠나지 아니하며 통치자의 지팡이가 그 발 사이에서 떠나지 아니하기를 실로가 오시기까지 이르리니 그에게 모든 백성이 복종하리로다 **창 49:10**
>
> 하나님이여 주의 보좌는 영원하며 주의 나라의 규는 공평한 규이니

이다 주의 보좌는 하나님의 보좌라 시 45:6

| **홍수:** 다른 사람들에게 폭력을 가하기 위해 힘을 사용한 사람들 위에 임하는 심판. 정죄. 승리. 압도되어 회복이 불가능한.

> 서쪽에서 여호와의 이름을 두려워하겠고 해 돋는 쪽에서 그의 영광을 두려워할 것은 여호와께서 그 기운에 몰려 급히 흐르는 강물 같이 오실 것임이로다 사 59:19
> 내가 홍수를 땅에 일으켜 무릇 생명의 기운이 있는 모든 육체를 천하에서 멸절하리니 땅에 있는 것들이 다 죽으리라 창 6:17

| **화산:** 갑작스럽고 폭발적인 어떤 것. 조정될 수 없고 안정되지 않는 어떤 것. 예상할 수 없는. 심판.
| **화살:** 좋거나 나쁜 강력한 말들. 하나님의 말씀 또는 마귀로부터의 저주. 영적 자녀들. 좋거나 나쁜 의도들.

> 보라 자식들은 여호와의 기업이요 태의 열매는 그의 상급이로다 젊은 자의 자식은 장사의 수중의 화살 같으니 시 127:3-4
> 그들이 칼 같이 자기 혀를 연마하며 화살 같이 독한 말로 겨누고 시 64:3
> 자기의 이웃을 쳐서 거짓 증거하는 사람은 방망이요 칼이요 뾰족한 화살이니라 잠 25:18

이르되 동쪽 창을 여소서 하여 곧 열매 엘리사가 이르되 쏘소서 하는지라 곧 쏘매 엘리사가 이르되 이는 여호와를 위한 구원의 화살 곧 아람에 대한 구원의 화살이니 왕이 아람 사람을 멸절하도록 아벡에서 치리이다 하니라 **왕하 13:17**

내 입을 날카로운 칼 같이 만드시고 나를 그의 손 그늘에 숨기시며 나를 갈고 닦은 화살로 만드사 그의 화살통에 감추시고 **사 49:2**

| **활, 화살, 총:** 공격이 오는 근원. 국가나 개인의 힘. 언어적 공격. 혀.

요셉의 활은 도리어 굳세며 그의 팔은 힘이 있으니 이는 야곱의 전능자 이스라엘의 반석인 목자의 손을 힘입음이라 **창 49:24**

여호와의 말씀이니라 그들이 활을 당김 같이 그들의 혀를 놀려 거짓을 말하며 그들이 이 땅에서 강성하나 진실하지 아니하고 악에서 악으로 진행하며 또 나를 알지 못하느니라 **렘 9:3**

만군의 여호와가 이같이 말하노라 보라 내가 엘람의 힘의 으뜸가는 활을 꺾을 것이요 **렘 49:35**

| **황소:** 위협적인 상황. 영적 전쟁. 대적. 재정의 근원.
| **회색:** 불확실성. 타협. 선과 악의 혼합.
| **회오리바람:** 좋거나 나쁘거나 관계없이 성령 안에서의 강력한 움직임.
| **회중:** 약속된 모임. 집회. 집합된.

| **횡단로:** 관점을 바꿈.
| **후면:** 꿈꾸는 자의 과거나 배후에 있는 어떤 것, 시야나 이해로부터 감춰진 어떤 것.
| **흉패:** 하나님의 보호하시는 방패. 어떤 것을 덮는 덮개 혹은 기름 부음. 심판을 행하기 위한 준비. 생명 유지에 절대 필요한 인간의 장기나 혹은 안전의 문제들로부터 보호하는.

> 공의를 갑옷으로 삼으시며 구원을 자기의 머리에 써서 투구로 삼으시며 보복을 속옷으로 삼으시며 열심을 입어 겉옷으로 삼으시고
> 사 59:17
> 흉패를 붙이고 흉패에 우림과 둠밈을 넣고 레 8:8
> 그런즉 서서 진리로 너희 허리 띠를 띠고 의의 호심경을 붙이고
> 엡 6:14

| **흔드는:** 숙고하는.
| **흔들이 의자:** 자연적으로 오래 지속하는. 중보. 회상. 기도. 휴식. 노년기.
| **흩뿌리기:** 더러움을 씻어냄에 의한 영적 변화. 깨끗이 씻음, 정결케 함, 신성하게 함.
| **희생:** 어떤 것을 포기함. 다른 사람을 위해 자신의 삶을 내려놓음. 덮어주거나 닦아내기 위한 어떤 것.

> 다윗 왕이 오르난에게 이르되 그렇지 아니하다 내가 반드시 상당한

값으로 사리라 내가 여호와께 드리려고 네 물건을 빼앗지 아니하겠고 값 없이는 번제를 드리지도 아니하리라 하니라 **대상 21:24**

| **흰개미:** 숨겨진 파멸을 가져 올 수 있는 어떤 것.
| **흰색:** 순수하고 의로운 어떤 것. 하나님의 영광. 하나님의 빛. 순수함. 흠 없음.
| **힘들게 걸음:** 삶의 어려운 시기. 반대에 직면함.

숫자

| **1:** 새로운 시작. 연합(신격) 신성.

| **2:** 증거하는, 확증. 분리. 결혼으로 완전해짐.

| **3/세 번째:** 증거, 신성한 충만, 신격. 죄에 대한 승리. 부활. 순응하다.

| **4:** 세속의 창조물. 세상의 네 모퉁이. 네 계절. 지구적인 것에 대한 암시 혹은 사복음서.

| **5:** 오중 사역에 관계된 은혜.

| **6:** 인간의 숫자. 사탄의 상징. 사람이 일하면서 느끼는 교만.

| **7:** 완전과 완성 혹은 끝마친 일에 대한 수. 안식. 축복의 시간 혹은 거룩한 때. 자유.

> 안식일을 기억하여 거룩하게 지키라 엿새 동안은 힘써 네 모든 일을 행할 것이나 일곱째 날은 네 하나님 여호와의 안식일인즉 너나 네 아들이나 네 딸이나 네 남종이나 네 여종이나 네 가축이나 네 문

안에 머무는 객이라도 아무 일도 하지 말라 이는 엿새 동안에 나 여호와가 하늘과 땅과 바다와 그 가운데 모든 것을 만들고 일곱째 날에 쉬었음이라 그러므로 나 여호와가 안식일을 복되게 하여 그 날을 거룩하게 하였느니라 출 20: 8-11

네가 백성 앞에 세울 법규는 이러하니라 네가 히브리 종을 사면 그는 여섯 해 동안 섬길 것이요 일곱째 해에는 몸값을 물지 않고 나가 자유인이 될 것이며 출 21:1-2

| **8:** 새로운 시작. 육체의 할례.
| **9:** 영의 열매 혹은 영의 은사. 추수.
| **10:** 법. 정부 명령과 의무. 시험하는 시련.
| **11:** 무질서, 혼동, 무법.
| **12:** 하나님의 정부. 신적 질서. 제자의 신분. 선택과 신정에 의한 정부.
| **13:** 반항. 퇴보.
| **14:** 갑절의 기름부음. 재창조. 재생산. 유월절.
| **15:** 자비, 은혜, 해방, 안식, 자유.
| **16:** 사랑에 의해 자유케 됨. 사랑 혹은 구원의 힘. 고린도 전서 13장에 기록된 사랑에 대한 열여섯 가지 특성들.
| **17:** 성숙함에 이르는 영적 과정. 아직 성숙하지 않은.

야곱의 족보는 이러하니라 요셉이 십칠 세의 소년으로서 그의 형들

과 함께 양을 칠 때에 그의 아버지의 아내들 빌하와 실바의 아들들과 더불어 함께 있었더니 그가 그들의 잘못을 아버지에게 말하더라
창 37:2

| 18: 속박. 하나님께서 이스라엘 백성에게 블레셋을 18년 동안 주심.

여호와께서 이스라엘에게 진노하사 블레셋 사람들의 손과 암몬 자손의 손에 그들을 파시매 그 해에 그들이 요단 강 저쪽 길르앗에 있는 아모리 족속의 땅에 있는 모든 이스라엘 자손을 쳤으며 열여덟 해 동안 억압하였더라 삿 10:7-8

열여덟 해 동안이나 귀신 들려 앓으며 꼬부라져 조금도 펴지 못하는 한 여자가 있더라 예수께서 보시고 불러 이르시되 여자여 네가 네 병에서 놓였다 하시고 안수하시니 여자가 곧 펴고 하나님께 영광을 돌리는지라 회당장이 예수께서 안식일에 병 고치시는 것을 분내어 무리에게 이르되 일할 날이 엿새가 있으니 그 동안에 와서 고침을 받을 것이요 안식일에는 하지 말 것이니라 하거늘 주께서 대답하여 이르시되 외식하는 자들아 너희가 각각 안식일에 자기의 소나 나귀를 외양간에서 풀어내어 이끌고 가서 물을 먹이지 아니하느냐 그러면 열여덟 해 동안 사탄에게 매인 바 된 이 아브라함의 딸을 안식일에 이 매임에서 푸는 것이 합당하지 아니하냐 눅 13:11-16

| **19:** 믿음, 회개.
| **20:** 거룩과 구속.
| **24:** 하나님의 완전한 질서. 성숙. 완전한 정부. 보좌의 이십사 장로.

> 또 보좌에 둘려 이십사 보좌들이 있고 그 보좌들 위에 이십사 장로들이 흰 옷을 입고 머리에 금관을 쓰고 앉았더라 **계 4:4**

| **30:** 사역의 시작. 하나님의 일을 위한 성숙함. 예수님께서 공생애를 시작하셨을 때의 나이. 요셉이 총리가 되었을 때의 나이.
| **40:** 시험의 기간, 시련의 시기.

> 모세가 여호와와 함께 사십 일 사십 야를 거기 있으면서 떡도 먹지 아니하였고 물도 마시지 아니하였으며 여호와께서는 언약의 말씀 곧 십계명을 그 판들에 기록하셨더라 **출 34:28**
> 내가 너희를 애굽 땅에서 이끌어 내어 사십 년 동안 광야에서 인도하고 아모리 사람의 땅을 너희가 차지하게 하였고 **암 2:10**
> 마귀에게 시험을 받으시더라 이 모든 날에 아무 것도 잡수시지 아니하시니 날 수가 다하매 주리신지라 **눅 4:2**

| **50:** 오순절과 같은 쏟아져 내림의 시간이나 기간. 성령, 희년, 해방, 자유의 숫자.

| 70: 하나님의 영/증가/회복의 전이.

여호와께서 모세에게 이르시되 이스라엘 노인 중에 네가 알기로 백성의 장로와 지도자가 될 만한 자 칠십 명을 모아 내게 데리고 와 회막에 이르러 거기서 너와 함께 서게 하라 내가 강림하여 거기서 너와 말하고 네게 임한 영을 그들에게도 임하게 하리니 그들이 너와 함께 백성의 짐을 담당하고 너 혼자 담당하지 아니하리라 민 11:16-17

| 75: 정결과 분리의 기간. 아브라함이 75세에 하란으로부터 떠남.

이에 아브람이 여호와의 말씀을 따라갔고 롯도 그와 함께 갔으며 아브람이 하란을 떠날 때에 칠십오 세였더라 창 12:4

| 100: 충만. 백갑절의 상급. 약속.

이삭이 그 땅에서 농사하여 그 해에 백 배나 얻었고 여호와께서 복을 주시므로 창 26:12

| 120: 성령의 역사의 시작.

모인 무리의 수가 약 백이십 명이나 되더라 그 때에 베드로가 그 형

제들 가운데 일어서서 이르되 행 1:15

| **150:** 약속과 성령.
| **200:** 완전함의 확증. 보증된 약속.
| **300:** 하나님의 의해 선택된. 주님의 예비하심.

여호와께서 기드온에게 이르시되 내가 이 물을 핥아 먹은 삼백 명으로 너희를 구원하며 미디안을 네 손에 넘겨 주리니 남은 백성은 각각 자기의 처소로 돌아갈 것이니라 하시니 이에 백성이 양식과 나팔을 손에 든지라 기드온이 이스라엘 모든 백성을 각각 그의 장막으로 돌려보내고 그 삼백 명은 머물게 하니라 미디안 진영은 그 아래 골짜기 가운데에 있었더라 삿 7:7-8

| **666:** 사탄의 숫자. 짐승의 표. 인간이 지닌 오만을 표현하는 수.

지혜가 여기 있으니 총명한 자는 그 짐승의 수를 세어 보라 그것은 사람의 수니 그의 수는 육백육십육이니라 계 13:18

| **1,000:** 성숙함의 증명.
| **10,000:** 주님의 군대, 전쟁 준비.

그가 일렀으되 여호와께서 시내 산에서 오시고 세일 산에서 일어나

시고 바란 산에서 비추시고 일만 성도 가운데에 강림하셨고 그의 오른손에는 그들을 위해 번쩍이는 불이 있도다 신 33:2

아담의 칠대 손 에녹이 이 사람들에 대하여도 예언하여 이르되 보라 주께서 그 수만의 거룩한 자와 함께 임하셨나니 유 1:14

The Illustrated Bible-based
Dictionary of Dream Symbols

제3부 기타 상징 약어들

The Illustrated Bible-based
Dictionary of Dream Symbols

행동들과 느낌들

| **걱정하다:** 불확실한 시간들과 불안전성들. 꿈의 내용에 따라서 고려할 것.

| **걷기:** 일상적인 일들과 삶에서 일어나는 일들의 진행. 일의 진행에 대해 기대해 온 속도.

- **깨끗한 물 위를 걷기:** 하나님의 영과 은혜 안에서 움직임.
- **더러운 물 위를 걷기:** 거짓 교리의 물을 튀기다.
- **돌짝밭, 자갈길 위로 걷기:** 힘든 시기.
- **모래 위 걷기:** 꿈이 말하는 일에 있어 견고한 바탕이 없음을 가리킬 수 있음.
- **무한한 시야가 펼쳐지는 곧은 길을 걷다:** 삶에서 가야 할 많은 장소들.
- **질퍽하고 냄새나는 길을 걷기:** 난처한 상황, 힘든 시기, 장애물.

- **날다:** 꿈꾸는 자가 성령의 일들 안에서 높이 도약할 수 있는 잠재력. 특별히 위험한 상황에서의 도주를 도와주거나 숙명을 향해 가는 일이 급진전되는 일들과 같은 하나님으로부터 오는 기적의 개입.
- **느낌들 혹은 감정들:** 꿈속에서의 느낌들은 꿈꾸는 자의 삶에서의 실제 상황에 대한 표현이다. 그것들은 사회적 상식, 사고방식, 편견 혹은 겉치레와 같은 것들로부터의 영향이 배제된 채 일어난다. 때로 꿈꾸는 자에 의해서 표현된 느낌은 그가 자신에 대해서 생각하는 것과 모순된다. 만일 그렇다면, 종종 그것은 꿈꾸는 자의 삶속에 억눌린 욕구들이나 숨겨진 상처들과 아픔 혹은 상처들이 다시 되살아 날 수 있기 때문이다. 전반적으로, 꿈속에서의 느낌들은 대개 결과적으로 실제 발생할 사건의 정도와 강도를 반영하는 것이다. 나의 경험에서 볼 때, 80퍼센트의 경우에 있어서, 다음의 느낌들이 아래에 열거된 바와 같이 상징된다.

- **기쁨:** 행복.
- **눈물:** 즐겁거나 즐겁지 않은 이유로부터 오는 깊은 정서적 움직임.
- **분노:** 분노.
- **사랑:** 사랑.
- **슬픔:** 기쁨의 부족.
- **쓰라림:** 쓰라림.

- **증오:** 증오.

| **달리기:** (꿈의 내용을 고려할 것) 어떤 것을 향해 가거나 혹은 멀어지도록 사건들이 진행되는 속도가 빨라지고 있음.
| **무심한:** 배려하지 않는. 저항적인. 인내. 방종.
| **배고픔:** 영의 양식을 갈망하라는 감동. 적절한 영적 영양분의 결핍.
| **생각하다:** 연구, 회상, 묵상, 그리고 지적인 훈련의 시간.
| **움직이지 못함:** 꿈꾸는 자의 삶에 거룩한 목적을 이루는데 장애물이 있음을 가리킬 수 있다. 치열한 영적 전쟁의 필요.
| **잠자다:** 당신이 조절할 수 없는 경지의 어떤 것에 의해서 사로잡힘.

학교/교육

(꿈속에서의 교육의 단계에 주의하라)

- **강의를 하거나 받음:** 강의의 주제는 꿈꾸는 자나 사람들 혹은 특별한 일을 위한 메시지다.
- **고등전문학교:** 꿈꾸는 자의 삶에 있는 특별한 부르심에 대한 분명한 장소.
- **고등학교:** 하나님과의 동행의 높은 단계 안에서 움직임.
- **교실을 찾아가는 것이 불가능함:** 꿈꾸는 자를 향한 하나님의 부르심과 사명에 대한 내적 불확실성을 가리킬 수 있음.
- **시험:** 승진에 근접해 있음.
- **시험에 낙방함:** 바람직한 학문적 결실을 만족시킬 사항들에 준비되어 있지 못함.
- **시험에 합격함:** 승진을 위한 신적인 약속을 확증함.
- **시험을 마치지 못함:** 불충분한 준비를 가리킬 수 있음.
- **시험을 치르는 중에 방해를 받거나 시험이 연기되는 등의 장애가 있음:** 바람직한 단계를 결정함에 있어서 부정적인 영향력이 작용

하고 있음을 가리킴. 이것은 꿈꾸는 자 앞을 가로막는 개인적인 연약함들을 제시할 수 있다.

| **시험 준비하기:** 승진을 위해 나아가는 계절.
| **오래 전 학교 시설 혹은 건물:** 경험과 중요성에 있어서 그 당시와 유사한 시간이나 계절이 임박했음을 가리킨다.
| **종이나 잉크 혹은 펜을 다 쓰고 없음:** 바람직한 단계에 맞지 않는 지식을 가리킬 수 있음.
| **중학교:** 삶에서 준비시키는 과정을 가리킴.
| **지각하다:** 무장되는 때를 위한 부적합한 준비성을 가리킬 수 있음.
| **초등학교:** 삶의 기초적인 것들을 가리킴.
| **학교 건물:** 배움의 장소. 교회 혹은 전문 기관을 가리킬 수 있음.
| **학교 출입이 불가능함:** 당신이 요청받은 준비사항들을 위해 바른 장소에 있지 않음을 가리킴. 꿈꾸는 자가 그의 준비를 성취하기 위해 달려가는 것에 대한 외부적인 방해들.
| **학기를 마침:** 무장하는 계절을 마침.

신체 부위

| 가슴: 성경에서 언급한 가슴에 대한 것들은 대부분 문자적 의미가 아님. 애정의 자리. 지성의 자리. 가장 깊은 내면.

> 포악을 의지하지 말며 탈취한 것으로 허망하여지지 말며 재물이 늘어도 거기에 마음을 두지 말지어다 시 62:10
>
> 여호와께서 사람의 죄악이 세상에 가득함과 그의 마음으로 생각하는 모든 계획이 항상 악할 뿐임을 보시고 창 6:5
>
> 여호와의 증거들을 지키고 전심으로 여호와를 구하는 자는 복이 있도다 시 119:2
>
> 땅 위에 사람 지으셨음을 한탄하사 마음에 근심하시고 창 6:6

| 눈: 보는 수단. 어떤 것을 사모함. 선견자의 기름부음.

- **두 눈을 감다:** 영적 소경. 무지, 스스로를 탓함.

- **윙크하다:** 숨겨진 의도나 교활한 사람.

| **다리:** 지탱의 수단. 삶을 영위하는 영적 힘. 힘의 상징. 아름다움의 대상. 당신이 서 있는 어떤 것–기초가 되는 원리들.

> 여호와는 말의 힘이 세다 하여 기뻐하지 아니하시며 사람의 다리가 억세다 하여 기뻐하지 아니하시고 시 147:10
>
> 내가 또 보니 힘 센 다른 천사가 구름을 입고 하늘에서 내려오는데 그 머리 위에 무지개가 있고 그 얼굴은 해 같고 그 발은 불기둥 같으며 계 10:1
>
> 다리는 순금 받침에 세운 화반석 기둥 같고 생김새는 레바논 같으며 백향목처럼 보기 좋고 아 5:15
>
> 귀한 자의 딸아 신을 신은 네 발이 어찌 그리 아름다운가 네 넓적다리는 둥글어서 숙련공의 손이 만든 구슬 꿰미 같구나 아 7:1
>
> 이에 왕의 즐기던 얼굴 빛이 변하고 그 생각이 번민하여 넓적다리 마디가 녹는 듯하고 그의 무릎이 서로 부딪친지라 단 5:6
>
> 내가 들었으므로 내 창자가 흔들렸고 그 목소리로 말미암아 내 입술이 떨렸도다 무리가 우리를 치러 올라오는 환난 날을 내가 기다리므로 썩이는 것이 내 뼈에 들어왔으며 내 몸은 내 처소에서 떨리는도다 합 3:16

- **부러진 다리:** 일을 포기함.

- **여성의 다리:** 유혹하는 힘.

| 머리: 지도자. 책임을 짐. 어떤 것을 자랑스러워 함. 하나님께서 위임하신 권세-남편. 예수 그리스도. 모든 사람들의 지도자이신 예수님. 그리스도의 머리요 아버지이신 하나님.

> 모세가 이스라엘 무리 중에서 능력 있는 사람들을 택하여 그들을 백성의 우두머리 곧 천부장과 백부장과 오십부장과 십부장을 삼으매 출 18:25
>
> 누구든지 네 집 문을 나가서 거리로 가면 그의 피가 그의 머리로 돌아갈 것이요 우리는 허물이 없으리라 그러나 누구든지 너와 함께 집에 있는 자에게 손을 대면 그의 피는 우리의 머리로 돌아오려니와 수 2:19
>
> 그러나 나는 너희가 알기를 원하노니 각 남자의 머리는 그리스도요 여자의 머리는 남자요 그리스도의 머리는 하나님이시라 고전 11:3
>
> 이는 남편이 아내의 머리 됨이 그리스도께서 교회의 머리 됨과 같음이니 그가 바로 몸의 구주시니라 엡 5:23
>
> 오직 사랑 안에서 참된 것을 하여 범사에 그에게까지 자랄지라 엡 4:15
>
> 그는 몸인 교회의 머리시라 그가 근본이시요 죽은 자들 가운데서 먼저 나신 이시니 이는 친히 만물의 으뜸이 되려 하심이요 골 1:18
>
> 머리를 붙들지 아니하는지라 온 몸이 머리로 말미암아 마디와 힘줄

로 공급함을 받고 연합하여 하나님이 자라게 하시므로 자라느니라
골 2:19

너희도 그 안에서 충만하여졌으니 그는 모든 통치자와 권세의 머리시라 골 2:10

- **머리를 손으로 가림:** 슬픔의 의미.
- **머리에 기름부음:** 하나님의 사역을 위해 구별됨.

| **머리카락:** 덮개 혹은 무수한 어떤 것 혹은 사람의 영광, 보호, 아름다움, 신분. 아름다움이나 교만의 표. 자르지 않은 머리는 언약의 상징임. 긴 머리는 남자에게는 불명예이나 여자에게는 영광임. 좋은 나이 혹은 품위의 상징.

그의 머리털이 무거우므로 연말마다 깎았으며 그의 머리 털을 깎을 때에 그것을 달아본즉 그의 머리털이 왕의 저울로 이백 세겔이었더라 삼하 14:26

보라 네가 임신하여 아들을 낳으리니 그의 머리 위에 삭도를 대지 말라 이 아이는 태에서 나옴으로부터 하나님께 바쳐진 나실인이 됨이라 그가 블레셋 사람의 손에서 이스라엘을 구원하기 시작하리라 하시니 삿 13:5

만일 남자에게 긴 머리가 있으면 자기에게 부끄러움이 되는 것을 본성이 너희에게 가르치지 아니하느냐 만일 여자가 긴 머리가 있으

신체 부위 177

면 자기에게 영광이 되나니 긴 머리는 가리는 것을 대신하여 주셨기 때문이니라 논쟁하려는 생각을 가진 자가 있을지라도 우리에게나 하나님의 모든 교회에는 이런 관례가 없느니라 **고전 11:14-16**

내가 보니 왕좌가 놓이고 옛적부터 항상 계신 이가 좌정하셨는데 그의 옷은 희기가 눈 같고 그의 머리털은 깨끗한 양의 털 같고 그의 보좌는 불꽃이요 그의 바퀴는 타오르는 불이며 **단 7:9**

백발은 영화의 면류관이라 공의로운 길에서 얻으리라 **잠 16:31**

- **길고 잘 다듬어진 머리:** 언약과 힘.
- **남자의 긴머리:** 반항적인 행동 혹은 언약 관계.
- **대머리:** 비애와 수치.
- **머리카락 자르기:** 어떤 것을 올바르게 고침. 악, 나쁜 습관이나 전통을 잘라버림.
- **빗질하지 않은 긴머리:** 통제되지 않는.
- **삭발:** 방해하는 것이나 더러운 것들을 제거함.
- **여자의 긴머리:** 여성다움의 영광. 아내 혹은 순종적인 교회.
- **여자의 짧은 머리:** 순종의 부족 혹은 왈가닥.
- **좋지 않은 헤어스타일:** 질서가 없음.
- **탈모:** 지혜나 영광의 상실.

| 목: 아름다움과 관련됨. 소중한 어떤 것을 안전하게 하는 장소. 붙잡힘과 종속. 자르거나 부러뜨리기.

- **긴목:** 소음.
- **길게 늘인 목:** 거만.
- **목을 위협하다:** 위험을 감수함.
- **뻣뻣한 목:** 완고함.

그들이 어찌 노략물을 얻지 못하였으랴 그것을 나누지 못하였으랴 사람마다 한두 처녀를 얻었으리로다 시스라는 채색 옷을 노략하였으리니 그것은 수 놓은 채색 옷이리로다 곧 양쪽에 수 놓은 채색 옷이리니 노략한 자의 목에 꾸미리로다 하였으리라 삿 5:30

이는 네 머리의 아름다운 관이요 네 목의 금 사슬이니라 잠 1:9

인자와 진리가 네게서 떠나지 말게 하고 그것을 네 목에 매며 네 마음판에 새기라 잠 3:3

그가 큰 능력으로 나의 옷을 떨쳐 버리시며 나의 옷깃처럼 나를 휘어잡으시는구나 욥 30:18

여호와께서 너를 제사장 여호야다를 대신하여 제사장을 삼아 여호와의 성전 감독자로 세우심은 모든 미친 자와 선지자 노릇을 하는 자들을 목에 씌우는 나무 고랑과 목에 씌우는 쇠 고랑을 채우게 하심이어늘 렘 29:26

네가 주리고 목마르고 헐벗고 모든 것이 부족한 중에서 여호와께서 보내사 너를 치게 하실 적군을 섬기게 될 것이니 그가 철 멍에를 네 목에 메워 마침내 너를 멸할 것이라 신 28:48

그들은 내 목숨을 위하여 자기들의 목까지도 내놓았나니 나뿐 아니

라 이방인의 모든 교회도 그들에게 감사하느니라 롬 16:4

| 무릎: 관계성을 표현하는 상징. 복종. 축복 혹은 두려움. 그리스도에게 순종함. 축복. 믿음의 척도.

> 저녁 제사를 드릴 때에 내가 근심 중에 일어나서 속옷과 겉옷을 찢은 채 무릎을 꿇고 나의 하나님 여호와를 향하여 손을 들고 스 9:5
> 하늘에 있는 자들과 땅에 있는 자들과 땅 아래에 있는 자들로 모든 무릎을 예수의 이름에 꿇게 하시고 모든 입으로 예수 그리스도를 주라 시인하여 하나님 아버지께 영광을 돌리게 하셨느니라 빌 2:10-11
> 어찌하여 무릎이 나를 받았던가 어찌하여 내가 젖을 빨았던가 욥 3:12
> 넘어지는 자를 말로 붙들어 주었고 무릎이 약한 자를 강하게 하였거늘 욥 4:4
> 그들은 비틀거리며 엎드러지고 우리는 일어나 바로 서도다 시 20:8
> 너희는 약한 손을 강하게 하며 떨리는 무릎을 굳게 하며 사 35:3

- **떨리는 무릎:** 약함 혹은 두려움.

| 발: 마음 혹은 사고방식의 상징. 땅과 접촉하는 신체 부위. 교회 안의 하부 구조를 이루는 성도들. 무시되지 않아야 할 것. 무시되는 경향을 가지고 있는.

평안의 복음이 준비한 것으로 신을 신고 엡 6:15

하나님이 이르시되 이리로 가까이 오지 말라 네가 선 곳은 거룩한 땅이니 네 발에서 신을 벗으라 출 3:5

만일 발이 이르되 나는 손이 아니니 몸에 붙지 아니하였다 할지라도 이로써 몸에 붙지 아니한 것이 아니요 고전 12:15

- **길게 자란 발톱:** 주의 부족 혹은 적합한 질서 안에 있지 않음.
- **맨발:** 하나님의 임재 앞에 겸손함. 하나님의 말씀을 공부하는 것이 부족함. 준비 부족.
- **발로 차다:** 권세 아래 있지 않거나 권세를 대항하여 일함.
- **발을 씻음:** 겸손 혹은 그리스도인의 임무.
- **병든 발:** 대적의 영.
- **절뚝거리는 발:** 불신앙과 사고방식으로 인해 장애를 입음. 부정적인 요새.

| **발뒤꿈치:** 짓밟는 능력.
| **뼈:** 어떤 것의 본질. 주요 문제. 오래 견디는.

모세가 요셉의 유골을 가졌으니 이는 요셉이 이스라엘 자손으로 단단히 맹세하게 하여 이르기를 하나님이 반드시 너희를 찾아오시리니 너희는 내 유골을 여기서 가지고 나가라 하였음이더라 출 13:19

마침 사람을 장사하는 자들이 그 도적 떼를 보고 그의 시체를 엘리

사의 묘실에 들이던지매 시체가 엘리사의 뼈에 닿자 곧 회생하여 일어섰더라 왕하 13:21

| 복부: 느낌들. 욕망. 영적 평안. 감성. 창피.

그들은 재난을 잉태하고 죄악을 낳으며 그들의 뱃속에 속임을 준비하느니라 욥 15:35

나를 믿는 자는 성경에 이름과 같이 그 배에서 생수의 강이 흘러나오리라 하시니 요 7:38

이 같은 자들은 우리 주 그리스도를 섬기지 아니하고 다만 자기의 배만 섬기나니 공교하고 아첨하는 말로 순진한 자들의 마음을 미혹하느니라 롬 16:18

| 손: 능력. 개인적 사역. 어떤 사람을 대신하여 행동을 취함. 행동에 옮기려는 사람. 섬김의 방편. 힘을 표현하는 수단.

땅의 모든 짐승과 공중의 모든 새와 땅에 기는 모든 것과 바다의 모든 물고기가 너희를 두려워하며 너희를 무서워하리니 이것들은 너희의 손에 붙였음이니라 창 9:2

이에 사람을 보내어 블레셋 모든 방백을 모으고 이르되 이스라엘 신의 궤를 보내어 그 있던 곳으로 돌아가게 하고 우리와 우리 백성이 죽임 당함을 면하게 하자 하니 이는 온 성읍이 사망의 환난을 당

함이라 거기서 하나님의 손이 엄중하시므로 **삼상 5:11**

그들을 주신 내 아버지는 만물보다 크시매 아무도 아버지 손에서 빼앗을 수 없느니라 **요 10:29**

손을 내밀어 병을 낫게 하시옵고 표적과 기사가 거룩한 종 예수의 이름으로 이루어지게 하옵소서 하더라 **행 4:30**

여호와께서 사람에게 그의 공의와 신실을 따라 갚으시리니 이는 여호와께서 오늘 왕을 내 손에 넘기셨으되 나는 손을 들어 여호와의 기름 부음을 받은 자 치기를 원하지 아니하였음이니이다 **삼상 26:23**

여호와께서 내 주에게 말씀하시기를 내가 네 원수들로 네 발판이 되게 하기까지 너는 내 오른쪽에 앉아 있으라 하셨도다 **시 110:1**

이스라엘이 오른손을 펴서 차남 에브라임의 머리에 얹고 왼손을 펴서 므낫세의 머리에 얹으니 므낫세는 장자라도 팔을 엇바꾸어 얹었더라 **창 48:14**

네 속에 있는 은사 곧 장로의 회에서 안수 받을 때에 예언을 통하여 받은 것을 가볍게 여기지 말며 **딤전 4:14**

그러므로 내가 나의 안수함으로 네 속에 있는 하나님의 은사를 다시 불일듯하게 하기 위하여 너로 생각하게 하노니 **딤후 1:6**

- **내 뻗은 손:** 보호아래 있음이나 항복.
- **떠는 손:** 두려워하다. 두려움의 영. 근심. 하나님의 임재에 대한 놀라움.
- **머리 위에 손을 얹음:** 축복, 안수.

- **손뼉 치다:** 기쁨과 경배.
- **손으로 때림:** 힘이나 분노의 표현.
- **손으로 얼굴을 가림:** 죄책감 혹은 수치.
- **손을 들어 올림:** 항복 혹은 예배드림.
- **손을 씻음:** 무죄의 선포 혹은 누군가와 관계를 청산함.
- **손을 잡음:** 동의.
- **악수하다:** 협정을 맺음. 복종.
- **오른손 위에 놓음:** 존경의 위치.
- **오른손:** 충성의 서약, 존중과 능력의 수단, 존경의, 자연적인 힘.
- **왼손:** 영적인 어떤 것.
- **주먹을 쥠:** 자신의 힘에 대한 자만, 분노.
- **허벅지 아래에 손을 넣음:** 맹세함.

| **손가락들:** 인간의 혹은 신적인 행동에 대한 이미지. 예민함의 이미지. 능력 혹은 권세에 대한 표징. 책임을 돌림. 측량 단위. 전쟁을 위한.

> 자기의 인장 반지를 빼어 요셉의 손에 끼우고 그에게 세마포 옷을 입히고 금 사슬을 목에 걸고 **창 41:42**
> 요술사가 바로에게 말하되 이는 하나님의 권능이니이다 하였으나 바로의 마음이 완악하게 되어 그들의 말을 듣지 아니하였으니 여호

와의 말씀과 같더라 출 8:19

네가 부를 때에는 나 여호와가 응답하겠고 네가 부르짖을 때에는 내가 여기 있다 하리라 만일 네가 너희 중에서 멍에와 손가락질과 허망한 말을 제하여 버리고 사 58:9

이는 너희 손이 피에, 너희 손가락이 죄악에 더러워졌으며 너희 입술은 거짓을 말하며 너희 혀는 악독을 냄이라 사 59:3

그 기둥은 한 기둥의 높이가 십팔 규빗이요 그 둘레는 십이 규빗이며 그 속이 비었고 그 두께는 네 손가락 두께이며 렘 52:21

함께 자라난 소년들이 왕께 아뢰어 이르되 이 백성들이 왕께 아뢰기를 왕의 부친이 우리의 멍에를 무겁게 하였으나 왕은 우리를 위하여 가볍게 하라 하였은즉 왕은 대답하기를 내 새끼 손가락이 내 아버지의 허리보다 굵으니 왕상 12:10

나의 반석이신 여호와를 찬송하리로다 그가 내 손을 가르쳐 싸우게 하시며 손가락을 가르쳐 전쟁하게 하시는도다 시 144:1

- **가운데 손가락:** 복음전파자.
- **주먹을 쥠:** 교만 혹은 지나친 자랑.
- **네 번째 손가락:** 교사.
- **새끼손가락:** 목사.
- **손가락으로 가리킴:** 비난 혹은 핍박. 지시 혹은 안내.
- **엄지손가락:** 사도.
- **지시손가락:** 선지자.

- **하나님의 손가락:** 하나님의 역사 혹은 하나님의 권세.

| 수염: 권세에 대해 존경심을 가지는 것.

> 이에 하눈이 다윗의 신하들을 잡아 그들의 수염 절반을 깎고 그들의 의복의 중동볼기까지 자르고 돌려보내매 사람들이 이 일을 다윗에게 알리니라 그 사람들이 크게 부끄러워하므로 왕이 그들을 맞으러 보내 이르기를 너희는 수염이 자라기까지 여리고에서 머물다가 돌아오라 하니라 삼하 10:4-5

- **다듬어진 수염:** 존경심이 있는. 정신이 온전한.
- **다듬지 않은 수염:** 정신이 나간 상태.

| 어깨: 책임, 권세. 부담감이나 짐을 지우거나 실어야 할 사람이나 어떤 것 혹은 짐승. 사역에 좋은 어떤 것. 정부의 책임. 어깨와 어깨를 나란히 하는 것과 같은 연합의 상징. 속박.

> 이는 그들이 무겁게 멘 멍에와 그들의 어깨의 채찍과 그 압제자의 막대기를 주께서 꺾으시되 미디안의 날과 같이 하셨음이니이다
> 사 9:4
> 이는 한 아기가 우리에게 났고 한 아들을 우리에게 주신 바 되었는데 그의 어깨에는 정사를 메었고 그의 이름은 기묘자라, 모사라, 전

능하신 하나님이라, 영존하시는 아버지라, 평강의 왕이라 할 것임
이라 사 9:6

그 때에 내가 여러 백성의 입술을 깨끗하게 하여 그들이 다 여호와
의 이름을 부르며 한 가지로 나를 섬기게 하리니 습 3:9

이르시되 내가 그의 어깨에서 짐을 벗기고 그의 손에서 광주리를
놓게 하였도다 시 81:6

또 무거운 짐을 묶어 사람의 어깨에 지우되 자기는 이것을 한 손가
락으로도 움직이려 하지 아니하며 마 23:4

- **넓게 벌어진 어깨**: 많은 책임을 수행할 수 있는.
- **여인의 드러난 어깨**: 유혹.
- **축 늘어진 어깨**: 실패한 태도, 과도하게 일함. 과로, 탈진.

| **얼굴**: 그 사람이 누구인지 사람의 신원을 말함. 사람의 마음을 반영함. 신분 혹은 성격적 특징들. 이미지 표현.
| **엉덩이**: 재생산. 재생산이나 지지해주는 구조와 관련된.
| **이마**: 어떤 것 혹은 어떤 사람의 신분을 결정하기에 두드러진 어떤 것.

그러므로 단비가 그쳤고 늦은 비가 없어졌느니라 그럴지라도 네가
창녀의 낯을 가졌으므로 수치를 알지 못하느니라 렘 3:3

그의 얼굴을 볼 터이요 그의 이름도 그들의 이마에 있으리라 계 22:4

| **입:** 간증의 도구. 악하거나 선한 말을 함. 삶의 문제들로부터 오는 어떤 것. 당신을 대적하는 말들.
| **입술:** 마음의 질을 반영함. 거짓말하는 입술. 삶의 결과를 결정지을만한. 속임수를 말함. 유혹의 대상.

> 교만하고 완악한 말로 무례히 의인을 치는 거짓 입술이 말 못하는 자 되게 하소서 시 31:18
> 입을 지키는 자는 자기의 생명을 보전하나 입술을 크게 벌리는 자에게는 멸망이 오느니라 잠 13:3
> 지혜자의 입의 말들은 은혜로우나 우매자의 입술들은 자기를 삼키나니 전 10:12
> 주께서 이르시되 이 백성이 입으로는 나를 가까이 하며 입술로는 나를 공경하나 그들의 마음은 내게서 멀리 떠났나니 그들이 나를 경외함은 사람의 계명으로 가르침을 받았을 뿐이라 사 29:13
> 뺨은 향기로운 꽃밭 같고 향기로운 풀언덕과도 같고 입술은 백합화 같고 몰약의 즙이 뚝뚝 떨어지는구나 아 5:13

| **치아:** 힘에 대한 일차적 상징. 작은 조각으로 부수는 것은 긍정적인 소모의 이미지. 지혜가 쉽게 진행되도록 가장 작은 조각으로 단순화함. 능력.

> 다른 짐승 곧 둘째는 곰과 같은데 그것이 몸 한쪽을 들었고 그 입의

잇사이에는 세 갈빗대가 물렸는데 그것에게 말하는 자들이 있어 이르기를 일어나서 많은 고기를 먹으라 하였더라 단 7:5

그들은 연회에서 망령되이 조롱하는 자 같이 나를 향하여 그들의 이를 갈도다 시 35:16

그 나라의 본 자손들은 바깥 어두운 데 쫓겨나 거기서 울며 이를 갈게 되리라 마 8:12

- **부러진 치아:** 패배 또는 지혜를 잃음.
- **유치(乳齒):** 미성숙.
- **의치(義齒), 톨니:** 이 세상의 지혜.
- **이를 갈다:** 조롱, 분열, 후회, 비애의 상징.
- **이를 닦다:** 이해하게 됨.
- **치통:** 시련, 문제들.

| **코:** 분별의 영. 좋거나 나쁜 분별력. 사람들의 사생활을 침입함. 험담꾼.

| **해골:** 본질이나 육이 없는 어떤 것. 세부사항이 없는 어떤 것.

건물들

기관의 특성 혹은 구조

내게 나아와 내 말을 듣고 행하는 자마다 누구와 같은 것을 너희에게 보이리라 집을 짓되 깊이 파고 주추를 반석 위에 놓은 사람과 같으니 큰 물이 나서 탁류가 그 집에 부딪치되 잘 지었기 때문에 능히 요동하지 못하게 하였거니와 눅 6:47-48

| **공장:** 어떤 것들이 모이는 장소. 보호의 장소. 교회.

- **공장의 기초:** 사람이나 물건이 기반으로 서 있는 어떤 것.
- **느리게 가동되는 공장:** 적절하게 사용되지 못함.
- **망가진 공장:** 주의 필요.
- **좋은 상태의 공장:** 잘 있음.

| **교회건물:** 교회와 사역과 관련된 것, 또는 하나님의 부르심.
| **도서관:** 지식의 장소와 시간. 교육.
| **법정:** 판단받음. 정밀한 조사. 핍박, 시련.
| **사무실 건물:** 세상 직업과 관련된. 꿈꾸는 자의 사무적인 생활.
| **어린 시절의 가정집:** 과거와 관련된. 현재에 영향을 주고 있는 과거의 어떤 것. 혈통에서 비롯된 어떤 것.

- **가게:** 선택의 장소. 사업과 관련된 장소.
- **고층건물:** 다양한 은사의 사역. 한 장소에 있는 다양한 사역.
- **공사 중인 집:** 형성의 과정.
- **새집:** 현실적 혹은 영적인 새로운 성격
- **오래된 집:** 과거 혹은 유전된 어떤 것. 만일 좋은 상태이면, 과거로부터 온 의로움 혹은 선함. 만일 좋지 않은 상태이면, 가계에 흐르는 죄 혹은 연약함.
- **이동 간이주택:** 전환적인 상황. 특성이 바뀌고 있음. 일시적 장소.
- **이사:** 성격의 변화.

| **현재의 집:** 꿈꾸는 자의 어떤 요소.

건물의 부분들

| **대기실:** 공중에 의해 쉽게 눈에 보일 수 있는 장소. 공개된 부분.
| **앞면:** 미래의 어떤 것.
| **욕실:** 정결케 하는 기간. 회개의 시간 속으로 들어섬. 자발적인 노출의 장소. 개인의 삶에서 현실을 직면함.
| **주방:** 영양분의 필요. 현실에서 말 못하는 생각들을 담고 있는 마음과 지성. 마음(성령)에 계시들이 주어지고 다른 사람들을 준비시키기 위해 양성되는 장소.
| **지붕:** 덮개.
| **침실:** 친밀함의 장소. 안식의 장소 혹은 당신이 잠들고 꿈을 꾸는 장소. 언약의 장소 혹은 계시의 장소.
| **후면:** 과거의 것, 혹은 기대치 못한.

건물의 상태

| **구식 건물:** 전통, 혹은 오래된 신념.
| **금이 간 벽:** 거짓된 보호 수단. 적절하게 보호받지 못함.
| **물이 새는 지붕:** 적절하지 못한 영적 보호.
| **방치된 건물:** 관리 부족.
| **현대식 건물:** 최신 교리.

숫자들의 영적 중요성

하나님께서는 많은 경우에 숫자로 말씀하시며, 성경은 하나님의 숫자로 가득하다.

숫자는 높은 단계의 상징법이다. 나는 성경에 나타난 숫자들을 모았으며 일반적으로 주어진 계시와 의미를 열거했다. 여기에 열거된 숫자들의 영적 중요성은 모두 성경의 말씀에 근거하며, 개인적인 경험에 있어서 내게 많은 도움을 주었다.

| 1: 연합. 하나님의 수. 축복. 첫째. 소중한.

> 몸이 하나요 성령도 한 분이시니 이와 같이 너희가 부르심의 한 소망 안에서 부르심을 받았느니라 주도 한 분이시요 믿음도 하나요 세례도 하나요 하나님도 한 분이시니 곧 만유의 아버지시라 만유 위에 계시고 만유를 통일하시고 만유 가운데 계시도다 엡 4:4-6

나와 아버지는 하나이니라 하신대 요 10:30

아버지여, 아버지께서 내 안에, 내가 아버지 안에 있는 것 같이 그들도 다 하나가 되어 우리 안에 있게 하사 세상으로 아버지께서 나를 보내신 것을 믿게 하옵소서 내게 주신 영광을 내가 그들에게 주었사오니 이는 우리가 하나가 된 것 같이 그들도 하나가 되게 하려 함이니이다 요 17:21-22

평안의 매는 줄로 성령이 하나 되게 하신 것을 힘써 지키라 엡 4:3

내가 다윗의 집과 예루살렘 주민에게 은총과 간구하는 심령을 부어 주리니 그들이 그 찌른 바 그를 바라보고 그를 위하여 애통하기를 독자를 위하여 애통하듯 하며 그를 위하여 통곡하기를 장자를 위하여 통곡하듯 하리로다 슥 12:10

그 중보자는 한 편만 위한 자가 아니나 하나님은 한 분이시니라 갈 3:20

| 2: 연합. 증거 혹은 확증. 사건 혹은 계시의 일반적인 내용에 따라 분열을 의미할 수 있음.

아담이 이르되 이는 내 뼈 중의 뼈요 살 중의 살이라 이것을 남자에게서 취하였은즉 여자라 부르리라 하니라 이러므로 남자가 부모를 떠나 그의 아내와 합하여 둘이 한 몸을 이룰지로다 창 2:23-24

만일 듣지 않거든 한두 사람을 데리고 가서 두세 증인의 입으로 말마다 확증하게 하라 마 18:16

부한 자는 자기의 낮아짐을 자랑할지니 이는 그가 풀의 꽃과 같이 지나감이라 **약 1:8**

하나님이 궁창을 만드사 궁창 아래의 물과 궁창 위의 물로 나뉘게 하시니 그대로 되니라 하나님이 궁창을 하늘이라 부르시니라 저녁이 되고 아침이 되니 이는 둘째 날이니라 **창 1:7-8**

또 이르되 칼을 내게로 가져오라 하니 칼을 왕 앞으로 가져온지라 왕이 이르되 산 아이를 둘로 나누어 반은 이 여자에게 주고 반은 저 여자에게 주라 **왕상 3:24-25**

| 3: 부활. 신적 완성과 완전함. 확정함. 삼위일체. 회복.

그러므로 너희는 가서 모든 민족을 제자로 삼아 아버지와 아들과 성령의 이름으로 세례를 베풀고 **마 28:19**

요나가 밤낮 사흘 동안 큰 물고기 뱃속에 있었던 것 같이 인자도 밤낮 사흘 동안 땅 속에 있으리라 **마 12:40**

예수께서 대답하여 이르시되 너희가 이 성전을 헐라 내가 사흘 동안에 일으키리라 **요 2:19**

| 4: 창조 혹은 지배하고 다스림. 천지창조의 넷째 날, 하나님께 낮과 밤을 주관하도록 두 광명인 해와 달을 창조하심.

하나님이 이르시되 하늘의 궁창에 광명체들이 있어 낮과 밤을 나뉘게 하고 그것들로 징조와 계절과 날과 해를 이루게 하라 또 광명체들이 하늘의 궁창에 있어 땅을 비추라 하시니 그대로 되니라 하나님이 두 큰 광명체를 만드사 큰 광명체로 낮을 주관하게 하시고 작은 광명체로 밤을 주관하게 하시며 또 별들을 만드시고 하나님이 그것들을 하늘의 궁창에 두어 땅을 비추게 하시며 낮과 밤을 주관하게 하시고 빛과 어둠을 나뉘게 하시니 하나님이 보시기에 좋았더라 저녁이 되고 아침이 되니 이는 넷째 날이니라 창 1:14-19

보좌 앞에 수정과 같은 유리 바다가 있고 보좌 가운데와 보좌 주위에 네 생물이 있는데 앞뒤에 눈들이 가득하더라 그 첫째 생물은 사자 같고 그 둘째 생물은 송아지 같고 그 셋째 생물은 얼굴이 사람 같고 그 넷째 생물은 날아가는 독수리 같은데 네 생물은 각각 여섯 날개를 가졌고 그 안과 주위에는 눈들이 가득하더라 그들이 밤낮 쉬지 않고 이르기를 거룩하다 거룩하다 거룩하다 주 하나님 곧 전능하신 이여 전에도 계셨고 이제도 계시고 장차 오실 이시라 하고 계 4:6-8

| **5:** 은혜 혹은 하나님의 선하심. 오중사역.

그가 어떤 사람은 사도로, 어떤 사람은 선지자로, 어떤 사람은 복음 전하는 자로, 어떤 사람은 목사와 교사로 삼으셨으니 엡 4:11

| **6:** 사람의 수. 인간의 육체 혹은 연약함. 악함이나 사단을 의미할

수 있음. 하나님께서 여섯째 날에 사람을 창조하셨음.

> 하나님이 이르시되 우리의 형상을 따라 우리의 모양대로 우리가 사람을 만들고 그들로 바다의 물고기와 하늘의 새와 가축과 온 땅과 땅에 기는 모든 것을 다스리게 하자 하시고 하나님이 자기 형상 곧 하나님의 형상대로 사람을 창조하시되 남자와 여자를 창조하시고 **창 1:26-27**
>
> 느부갓네살 왕이 금으로 신상을 만들었으니 높이는 육십 규빗이요 너비는 여섯 규빗이라 그것을 바벨론 지방의 두라 평지에 세웠더라 **단 3:1**

| 7: 완성 혹은 영적 온전함. 안식, 축복, 구속.

> 천지와 만물이 다 이루어지니라 하나님이 그가 하시던 일을 일곱째 날에 마치시니 그가 하시던 모든 일을 그치고 일곱째 날에 안식하시니라 하나님이 그 일곱째 날을 복되게 하사 거룩하게 하셨으니 이는 하나님이 그 창조하시며 만드시던 모든 일을 마치시고 그 날에 안식하셨음이니라 **창 2:1-3**
>
> 일곱째 천사가 소리 내는 날 그의 나팔을 불려고 할 때에 하나님이 그의 종 선지자들에게 전하신 복음과 같이 하나님의 그 비밀이 이루어지리라 하더라 **계 10:7**
>
> 일곱째 천사가 그 대접을 공중에 쏟으매 큰 음성이 성전에서 보좌

로부터 나서 이르되 되었다 하시니 계 16:17

매 칠년 끝에는 면제하라 면제의 규례는 이러하니라 그의 이웃에게 꾸어준 모든 채주는 그것을 면제하고 그의 이웃에게나 그 형제에게 독촉하지 말지니 이는 여호와를 위하여 면제를 선포하였음이라
신 15:1-2

| 8: 새로운 탄생 혹은 새로운 시작. 제 팔 일에 행하는 이스라엘 남자 아이의 할례는 새로운 탄생의 전형.

할례할 팔 일이 되매 그 이름을 예수라 하니 곧 잉태하기 전에 천사가 일컬은 바러라 모세의 법대로 정결예식의 날이 차매 아기를 데리고 예루살렘에 올라가니 이는 주의 율법에 쓴 바 첫 태에 처음 난 남자마다 주의 거룩한 자라 하리라 한 대로 아기를 주께 드리고
눅 2:21-23

너희의 대대로 모든 남자는 집에서 난 자나 또는 너희 자손이 아니라 이방 사람에게서 돈으로 산 자를 막론하고 난 지 팔 일 만에 할례를 받을 것이라 창 17:12

| 9: 성령의 열매. 추수 혹은 당신의 수고의 열매. 성령의 아홉 가지 은사.

오직 성령의 열매는 사랑과 희락과 화평과 오래 참음과 자비와 양

선과 충성과 온유와 절제니 이같은 것을 금지할 법이 없느니라
갈 5:22-23

어떤 사람에게는 성령으로 말미암아 지혜의 말씀을, 어떤 사람에게는 같은 성령을 따라 지식의 말씀을, 다른 사람에게는 같은 성령으로 믿음을, 어떤 사람에게는 한 성령으로 병 고치는 은사를, 어떤 사람에게는 능력 행함을, 어떤 사람에게는 예언함을, 어떤 사람에게는 영들 분별함을, 다른 사람에게는 각종 방언 말함을, 어떤 사람에게는 방언들 통역함을 주시나니 고전 12:8-10

| **10:** 법과 책임. 십일조는 우리의 소산의 십분의 일로서 하나님께 속한 것임. 이것은 또한 목회의 수. 심판. 애굽에 임한 열 가지 재앙.

| **11:** 혼돈, 심판, 무질서.

| **12:** 정부. 제자의 수.

이 때에 예수께서 기도하시러 산으로 가사 밤이 새도록 하나님께 기도하시고 밝으매 그 제자들을 부르사 그 중에서 열둘을 택하여 사도라 칭하셨으니 눅 6:12-13

예수께서 이르시되 내가 진실로 너희에게 이르노니 세상이 새롭게 되어 인자가 자기 영광의 보좌에 앉을 때에 나를 따르는 너희도 열두 보좌에 앉아 이스라엘 열두 지파를 심판하리라 마 19:28

| 13: 마음에 열거된 열세 가지의 악한 것들, 반항 혹은 영적 타락.

속에서 곧 사람의 마음에서 나오는 것은 악한 생각 곧 음란과 도둑질과 살인과 간음과 탐욕과 악독과 속임과 음탕과 질투와 비방과 교만과 우매함이니 막 7:21-22

| 14: 구속 혹은 구원. 갑절의 기름부음의 수.

그런즉 모든 대 수가 아브라함부터 다윗까지 열네 대요 다윗부터 바벨론으로 사로잡혀 갈 때까지 열네 대요 바벨론으로 사로잡혀 간 후부터 그리스도까지 열네 대더라 마 1:17

| 15: 안식, 자비.

모르드개가 이 일을 기록하고 아하수에로 왕의 각 지방에 있는 모든 유다인에게 원근을 막론하고 글을 보내어 이르기를 한 규례를 세워 해마다 아달월 십사일과 십오일을 지키라 이 달 이 날에 유다인들이 대적에게서 벗어나서 평안함을 얻어 슬픔이 변하여 기쁨이 되고 애통이 변하여 길한 날이 되었으니 이 두 날을 지켜 잔치를 베풀고 즐기며 서로 예물을 주며 가난한 자를 구제하라 하매 에 9:20-22

이스라엘 자손에게 말하여 이르라 일곱째 달 열닷샛날은 초막절이

니 여호와를 위하여 이레 동안 지킬 것이라 첫 날에는 성회로 모일
지니 너희는 아무 노동도 하지 말지며 레 23:34-35

| 16: 사랑-사랑에 관하여 말씀하신 열여섯 가지.

사랑은 오래 참고 사랑은 온유하며 시기하지 아니하며 사랑은 자랑
하지 아니하며 교만하지 아니하며 무례히 행하지 아니하며 자기의
유익을 구하지 아니하며 성내지 아니하며 악한 것을 생각하지 아니
하며 불의를 기뻐하지 아니하며 진리와 함께 기뻐하고 모든 것을
참으며 모든 것을 믿으며 모든 것을 바라며 모든 것을 견디느니라
사랑은 언제까지나 떨어지지 아니하되 예언도 폐하고 방언도 그치
고 지식도 폐하리라 고전 13:4-8

| 17: 미성숙함. 전환. 승리.

야곱의 족보는 이러하니라 요셉이 십칠 세의 소년으로서 그의 형들
과 함께 양을 칠 때에 그의 아버지의 아내들 빌하와 실바의 아들들
과 더불어 함께 있었더니 그가 그들의 잘못을 아버지에게 말하더라
창 37:2
야곱이 애굽 땅에 십칠 년을 거주하였으니 그의 나이가 백사십칠
세라 창 47:28
일곱째 달 곧 그 달 열이렛날에 방주가 아라랏 산에 머물렀으며

창 8:4

| 18: 속박.

그러면 열여덟 해 동안 사탄에게 매인 바 된 이 아브라함의 딸을 안식일에 이 매임에서 푸는 것이 합당하지 아니하냐 눅 13:16
이에 이스라엘 자손이 모압 왕 에글론을 열여덟 해 동안 섬기니라 삿 3:14
여호와께서 이스라엘에게 진노하사 블레셋 사람들의 손과 암몬 자손의 손에 그들을 파시매 그 해에 그들이 요단 강 저쪽 길르앗에 있는 아모리 족속의 땅에 있는 모든 이스라엘 자손을 쳤으며 열여덟 해 동안 억압하였더라 삿 10:7-8

| 19: 믿음. 히브리서 11장에 언급된 열한 사람.

믿음은 바라는 것들의 실상이요 보이지 않는 것들의 증거니 선진들이 이로써 증거를 얻었느니라... 히 11:1-32

| 20: 구속, 성경에 나오는 은화.

| 30: 예수님의 보혈. 헌신. 섬김의 시작. 구원.

그 때에 열둘 중의 하나인 가룟 유다라 하는 자가 대제사장들에게 가서 말하되 내가 예수를 너희에게 넘겨 주리니 얼마나 주려느냐 하니 그들이 은 삼십을 달아 주거늘 **마 26:14-15**

곧 삼십 세 이상으로 오십 세까지 회막의 일을 하기 위하여 그 역사에 참가할 만한 모든 자를 계수하라 고핫 자손이 회막 안의 지성물에 대하여 할 일은 이러하니라 **민 4:3-4**

요셉이 애굽 왕 바로 앞에 설 때에 삼십 세라 그가 바로 앞을 떠나 애굽 온 땅을 순찰하니 **창 41:46**

다윗이 나이가 삼십 세에 왕위에 올라 사십 년 동안 다스렸으되 **삼하 5:4**

| 40: 시련. 수습기간. 시험 혹은 유혹.

네 하나님 여호와께서 이 사십 년 동안에 네게 광야 길을 걷게 하신 것을 기억하라 이는 너를 낮추시며 너를 시험하사 네 마음이 어떠한지 그 명령을 지키는지 지키지 않는지 알려 하심이라 너를 낮추시며 너를 주리게 하시며 또 너도 알지 못하며 네 조상들도 알지 못하던 만나를 네게 먹이신 것은 사람이 떡으로만 사는 것이 아니요 여호와의 입에서 나오는 모든 말씀으로 사는 줄을 네가 알게 하려 하심이니라 이 사십 년 동안에 네 의복이 해어지지 아니하였고 네 발이 부르트지 아니하였느니라 너는 사람이 그 아들을 징계함 같이 네 하나님 여호와께서 너를 징계하시는 줄 마음에 생각하고 **신 8:2-5**

예수께서 성령의 충만함을 입어 요단 강에서 돌아오사 광야에서 사십 일 동안 성령에게 이끌리시며 마귀에게 시험을 받으시더라 이 모든 날에 아무 것도 잡수시지 아니하시니 날 수가 다하매 주리신지라 눅 4:1-2

이에 일어나 먹고 마시고 그 음식물의 힘을 의지하여 사십 주 사십 야를 가서 하나님의 산 호렙에 이르니라 왕상 19:8

요나가 그 성읍에 들어가서 하루 동안 다니며 외쳐 이르되 사십 일이 지나면 니느웨가 무너지리라 하였더니 욘 3:4

| **50:** 성령의 수, 그리스도가 부활하신 후 오십 일이 지난 후에 오순절에 위로부터 성령님이 부어짐. 희년. 자유.

너희는 오십 년째 해를 거룩하게 하여 그 땅에 있는 모든 주민을 위하여 자유를 공포하라 이 해는 너희에게 희년이니 너희는 각각 자기의 속죄소 위 곧 소유지로 돌아가며 각각 자기의 가족에게로 돌아갈지며 레 25:10

| **60:** 교만 혹은 오만. 느부갓네살 왕이 만든 신상의 높이가 60규빗이었음.

느부갓네살 왕이 금으로 신상을 만들었으니 높이는 육십 규빗이요 너비는 여섯 규빗이라 그것을 바벨론 지방의 두라 평지에 세웠더라

단 3:1

| **70**: 보편성 혹은 회복. 이스라엘은 그들이 회복된 후 칠십 년 동안 망명생활을 했다.

> 곧 그 통치 원년에 나 다니엘이 책을 통해 여호와께서 말씀으로 선지자 예레미야에게 알려 주신 그 연수를 깨달았나니 곧 예루살렘의 황폐함이 칠십 년만에 그치리라 하신 것이니라 단 9:2

| **80**: 높은 부르심의 시작, 혹은 영적으로 만족스럽게 됨. 모세가 이스라엘을 구원하기 위한 사역을 시작할 때가 팔십 세였음.

| **90 혹은 99**: 열매들이 무르익었고 준비됨. 하나님이 아브라함에게 나타나셨을 때에 그는 구십구 세였음.

> 아브람이 구십구 세 때에 여호와께서 아브람에게 나타나서 그에게 이르시되 나는 전능한 하나님이라 너는 내 앞에서 행하여 완전하라 창 17:1

| **100**: 은혜를 대한 하나님의 선택. 약속의 자녀들. 온전한 상급. 아브라함은 백세에 그의 약속의 자녀인 이삭을 얻었다.

아브라함이 그의 아들 이삭이 그에게 태어날 때에 백 세라 **창 21:5**

| 1,000: 성숙함의 시작. 성숙한 섬김 혹은 온전한 상태.

복합수 혹은 복잡한 숫자

이러한 숫자들에 대해서는 그것이 적힌 대로라기보다는 발음된 대로 그 의미가 있다.

예: 2872 는 "이천팔백칠십이"로 발음된다.

이천-확증된 영적 성숙함, 혹은 성숙한 판단.
팔백-약속에 이르는 새로운 시작.
칠십이-확증된, 완성된, 회복된.